中华人民共和国
残疾人保障法

注释本

法律出版社法规中心 编

图书在版编目（CIP）数据

中华人民共和国残疾人保障法注释本／法律出版社法规中心编. -- 4版. -- 北京：法律出版社，2025. (法律单行本注释本系列). -- ISBN 978-7-5197-9643-3

Ⅰ. D922.75

中国国家版本馆CIP数据核字第2024GS3197号

中华人民共和国残疾人保障法注释本
ZHONGHUA RENMIN GONGHEGUO
CANJIREN BAOZHANGFA ZHUSHIBEN

法律出版社法规中心 编

责任编辑 张红蕊
装帧设计 李 瞻

出版发行	法律出版社	开本 850毫米×1168毫米 1/32	
编辑统筹	法规出版分社	印张 4.25　字数 118千	
责任校对	冯高琼	版本 2025年1月第4版	
责任印制	耿润瑜	印次 2025年1月第1次印刷	
经　销	新华书店	印刷 北京盛通印刷股份有限公司	

地址：北京市丰台区莲花池西里7号（100073）
网址：www.lawpress.com.cn　　　销售电话：010-83938349
投稿邮箱：info@lawpress.com.cn　客服电话：010-83938350
举报盗版邮箱：jbwq@lawpress.com.cn　咨询电话：010-63939796
版权所有·侵权必究

书号：ISBN 978-7-5197-9643-3　　　定价：18.00元
凡购买本社图书，如有印装错误，我社负责退换。电话：010-83938349

编辑出版说明

现代社会是法治社会,社会发展离不开法治护航,百姓福祉少不了法律保障。遇到问题依法解决,已经成为人们处理矛盾、解决纠纷的不二之选。然而,面对纷繁复杂的法律问题,如何精准、高效地找到法律依据,如何完整、准确地理解和运用法律,日益成为人们"学法、用法"的关键所在。

为了帮助读者快速准确地掌握"学法、用法"的本领,我社开创性地推出了"法律单行本注释本系列"丛书,至今已十余年。本丛书历经多次修订完善,现已出版近百个品种,涵盖了社会生活的重要领域,已经成为广大读者学习法律、应用法律之必选图书。

本丛书具有以下特点:

1. 出版机构权威。成立于1954年的法律出版社,是全国首家法律专业出版机构,始终秉承"为人民传播法律"的宗旨,完整记录了中国法治建设发展的全过程,享有"社会科学类全国一级出版社"等荣誉称号,入选"全国百佳图书出版单位"。

2. 编写人员专业。本丛书皆由相关法律领域内的专业人士编写,确保图书内容始终紧跟法治进程,反映最新立法动态,体现条文本义内涵。

3. 法律文本标准。作为专业的法律出版机构,多年来,我社始终使用全国人民代表大会常务委员会公报刊登的法律文本，积淀了丰富的标准法律文本资源，并根据立法进度及时更新相关内容。

4. 条文注解精准。本丛书以立法机关的解读为蓝本，给每个条文提炼出条文主旨，并对重点条文进行注释，使读者能精准掌握立法意图，轻松理解条文内容。

5. 配套附录实用。书末"附录"部分收录了重要的与残疾人保障相关法律、法规和司法解释，并附残疾人保障典型案例，使读者在使用中更为便捷，使全书更为实用。

需要说明的是，本丛书中"适用提要""条文主旨""条文注释"等内容皆是编者为方便读者阅读、理解而编写，不同于国家正式通过、颁布的法律文本，不具有法律效力。本丛书不足之处，恳请读者批评指正。

我们用心打磨本丛书，以期待为法律相关专业的学生释法解疑，致力于为每个公民的合法权益撑起法律的保护伞。

法律出版社法规中心

2024 年 12 月

目 录

《中华人民共和国残疾人保障法》适用提要 …………… 1

中华人民共和国残疾人保障法

第一章 总 则 ……………………………………… 5
 第一条 立法目的和依据 ……………………………… 5
 第二条 残疾人的概念、类别和残疾标准 …………… 6
 第三条 残疾人权益保护 ……………………………… 7
 第四条 特别扶助 ……………………………………… 8
 第五条 政府责任 ……………………………………… 8
 第六条 残疾人参与政治生活 ………………………… 9
 第七条 全社会支持残疾人事业 ……………………… 10
 第八条 残联及其地方组织 …………………………… 11
 第九条 对残疾人的扶养义务 ………………………… 12
 第十条 残疾人的义务 ………………………………… 13
 第十一条 残疾预防工作与残疾人统计调查 ………… 14
 第十二条 特别保障 …………………………………… 15
 第十三条 表彰和奖励 ………………………………… 16
 第十四条 助残日 ……………………………………… 17

第二章 康 复 ……………………………………… 17
 第十五条 康复服务 …………………………………… 17
 第十六条 康复工作的总体要求 ……………………… 18
 第十七条 康复机构及康复训练 ……………………… 18

第十八条　康复医学科室、康复机构 …………………… 19
　　第十九条　康复专业人才 …………………………………… 20
　　第二十条　康复器械、辅助器具 …………………………… 20
第三章　教　　育 …………………………………………………… 21
　　第二十一条　残疾人的受教育权 …………………………… 21
　　第二十二条　残疾人教育的方针 …………………………… 22
　　第二十三条　残疾人教育的要求 …………………………… 22
　　第二十四条　残疾人教育机构 ……………………………… 23
　　第二十五条　普通教育机构的责任 ………………………… 24
　　第二十六条　特殊教育机构、特殊教育班的责任 ………… 25
　　第二十七条　对残疾人的职业教育和培训 ………………… 26
　　第二十八条　特殊教育师资的培养 ………………………… 26
　　第二十九条　特殊教育辅助手段的规定 …………………… 27
第四章　劳动就业 …………………………………………………… 28
　　第三十条　残疾人的劳动权 ………………………………… 28
　　第三十一条　残疾人劳动就业的方针、措施 ……………… 28
　　第三十二条　集中安排残疾人就业 ………………………… 29
　　第三十三条　按比例安排残疾人就业 ……………………… 30
　　第三十四条　残疾人自主择业、自主创业 ………………… 30
　　第三十五条　组织、扶持农村残疾人的生产劳动 ………… 31
　　第三十六条　扶持残疾人就业的优惠措施 ………………… 31
　　第三十七条　就业服务机构 ………………………………… 32
　　第三十八条　残疾人的劳动保护权 ………………………… 33
　　第三十九条　对残疾职工的岗位技术培训 ………………… 34
　　第四十条　不得强迫残疾人劳动 …………………………… 35
第五章　文化生活 …………………………………………………… 36
　　第四十一条　残疾人的文化生活权利 ……………………… 36

第四十二条　开展残疾人文体活动的原则 …………… 37
　　第四十三条　丰富残疾人精神文化生活的措施 ………… 37
　　第四十四条　鼓励、帮助残疾人从事创造性劳动 ……… 38
　　第四十五条　倡导助残的社会风尚 ……………………… 39
第六章　社会保障 ………………………………………………… 40
　　第四十六条　残疾人的社会保障权 ……………………… 40
　　第四十七条　残疾人参加社会保险 ……………………… 40
　　第四十八条　对残疾人的社会救助 ……………………… 41
　　第四十九条　对残疾人的供养、托养 …………………… 42
　　第　五十　条　对残疾人的社会扶助 ……………………… 43
　　第五十一条　鼓励和发展残疾人慈善事业 ……………… 44
第七章　无障碍环境 ……………………………………………… 44
　　第五十二条　为残疾人创造无障碍环境 ………………… 44
　　第五十三条　无障碍设施的建设和改造 ………………… 45
　　第五十四条　为残疾人信息交流无障碍创造条件 ……… 46
　　第五十五条　为残疾人提供无障碍服务 ………………… 47
　　第五十六条　为残疾人选举提供便利 …………………… 47
　　第五十七条　无障碍辅助设备、交通工具的研发 ……… 48
　　第五十八条　导盲犬出入公共场所规定 ………………… 49
第八章　法律责任 ………………………………………………… 49
　　第五十九条　残疾人组织的维权职责 …………………… 49
　　第　六十　条　残疾人权益受侵害的救济渠道 …………… 50
　　第六十一条　国家工作人员的法律责任 ………………… 51
　　第六十二条　通过大众传播媒介贬低损害残疾人
　　　　　　　　　人格的法律责任 …………………………… 52
　　第六十三条　有关教育机构的法律责任 ………………… 53
　　第六十四条　歧视残疾人劳动者的法律责任 …………… 54

第六十五条　供养、托养机构及其工作人员的法律
　　　　　责任 ································· 54
第六十六条　违反无障碍设施管理规定的法律责任 ········ 55
第六十七条　综合性法律责任 ······················· 56

第九章　附　　则
第六十八条　施行日期 ····························· 56

附录一　法律法规

中华人民共和国就业促进法（节录）（2015.4.24修正）······ 57
中华人民共和国社会保险法（节录）（2018.12.29修正）···· 58
中华人民共和国劳动法（节录）（2018.12.29修正）······· 59
中华人民共和国民法典（节录）（2020.5.28）············ 60
中华人民共和国无障碍环境建设法（2023.6.28）·········· 62
残疾人专用品免征进口税收暂行规定（1997.4.10）········ 72
残疾人就业条例（2007.2.25）························ 74
残疾人教育条例（2017.2.1修订）····················· 78
残疾预防和残疾人康复条例（2018.9.18修订）··········· 88
中央财政残疾人事业发展资金管理办法（2024.4.10）······ 95
机关、事业单位、国有企业带头安排残疾人就业办法
　（2021.10.27）································· 99
残疾人服务机构管理办法（2018.3.5）················ 103
残疾人就业保障金征收使用管理办法（2015.9.9）········ 109

附录二　典型案例

最高人民法院、中国残疾人联合会残疾人权益保护
　十大典型案例 ································· 115
　案例一　汪某红诉汪某华继承纠纷案 ··············· 115

案例二	刘某某诉某景观工程公司、李某某姓名权纠纷案	116
案例三	王某祥、王某进诉某某村民委员会、高某等相邻通行纠纷案	117
案例四	卢某某申请人身安全保护令案	118
案例五	宋某某诉某银行人格权纠纷案	119
案例六	于某某诉某公交客运公司侵权责任纠纷案	120
案例七	某公租房公司诉马某某房屋租赁合同纠纷案	121
案例八	高某琴等诉高某明共有物分割纠纷案	122
案例九	牛某某诉某物流公司劳动合同纠纷案	123
案例十	王某某诉某康复器具公司侵权责任纠纷案	124

《中华人民共和国残疾人保障法》适用提要

2008年4月24日,第十一届全国人民代表大会常务委员会第二次会议通过了修订后的《残疾人保障法》[①];2018年10月26日,第十三届全国人民代表大会常务委员会第六次会议通过的《关于修改〈中华人民共和国野生动物保护法〉等十五部法律的决定》对《残疾人保障法》进行了修正。《残疾人保障法》落实以人为本的科学发展观,进一步强化了对残疾人各项权益的保障,对于发展残疾人事业、保障残疾人平等地充分参与社会生活以及共享社会物质文化成果,具有重要意义。《残疾人保障法》主要有以下内容。

(一)关于残疾人合法权益的保障

《残疾人保障法》进一步强化了对残疾人各项权益的保障,包括以下几个方面。

1. 在参与国家事务和社会事务管理方面,规定:国家采取措施,保障残疾人依照法律规定,通过各种途径和形式,管理国家事务,管理经济和文化事业,管理社会事务;制定法律、法规、规章和公共政策,对涉及残疾人权益和残疾人事业的重大问题,应当听取残疾人和残疾人组织的意见;残疾人和残疾人组织有权向各级国家机关提出残疾人权益保障、残疾人事业发展等方面的意见和建

---

① 为方便读者阅读,本书中法律法规名称均使用简称。——编者注

议;等等。

2. 在康复服务方面,规定:国家保障残疾人享有康复服务的权利;各级人民政府和有关部门应当采取措施,为残疾人康复创造条件,建立和完善残疾人康复服务体系,并分阶段实施重点康复项目,帮助残疾人恢复或者补偿功能,增强其参与社会生活的能力;各级人民政府鼓励和扶持社会力量兴办残疾人康复机构;等等。

3. 在教育方面,规定:各级人民政府对接受义务教育的残疾学生、贫困残疾人家庭的学生提供免费教科书,并给予寄宿生活费等费用补助;对接受义务教育以外其他教育的残疾学生、贫困残疾人家庭的学生按照国家有关规定给予资助;县级以上人民政府应当根据残疾人的数量、分布状况和残疾类别等因素,合理设置残疾人教育机构;等等。

4. 在劳动就业方面,规定:国家实行按比例安排残疾人就业制度;国家机关、社会团体、企业事业单位、民办非企业单位应当按照规定的比例安排残疾人就业,并为其选择适当的工种和岗位;达不到规定比例的,按照国家有关规定履行保障残疾人就业义务;国家鼓励用人单位超过规定比例安排残疾人就业;国家对安排残疾人就业达到、超过规定比例或者集中安排残疾人就业的用人单位和从事个体经营的残疾人,依法给予税收优惠,并在生产、经营、技术、资金、物资、场地等方面给予扶持;等等。

5. 在文化生活方面,规定:政府和社会采取措施组织和扶持盲文读物、盲人有声读物及其他残疾人读物的编写和出版,根据盲人的实际需要,在公共图书馆设立盲文读物、盲人有声读物图书室;开办电视手语节目,开办残疾人专题广播栏目,推进电视栏目、影视作品加配字幕、解说;等等。

6. 在社会保障方面,规定:残疾人及其所在单位应当按照国家有关规定参加社会保险;对生活确有困难的残疾人,按照国家有关规定给予社会保险补贴;县级以上地方人民政府对享受最低生活保障待遇后生活仍有特别困难的残疾人家庭，应当采取其他措施保障其基本生活；盲人持有效证件免费乘坐市内公共交通工具；国家鼓励和支持提供电信、广播电视服务的单位对盲人、听力残疾人、言语残疾人给予优惠；等等。

(二)关于无障碍环境

为了给残疾人提供更好的便利，进一步规范和推进无障碍环境建设，《残疾人保障法》主要从以下几个方面对无障碍环境进行了规定。

1. 在设施建设方面，规定：新建、改建和扩建建筑物、道路、交通设施等，应当符合国家有关无障碍设施工程建设标准；各级人民政府和有关部门应当按照国家无障碍设施工程建设规定，逐步推进已建成设施的改造，优先推进与残疾人日常工作、生活密切相关的公共服务设施的改造；对无障碍设施应当及时维修和保护；等等。

2. 在信息交流方面，规定：各级人民政府和有关部门应当采取措施，为残疾人获取公共信息提供便利；国家和社会研制、开发适合残疾人使用的信息交流技术和产品；国家举办的各类升学考试、职业资格考试和任职考试，有盲人参加的，应当为盲人提供盲文试卷、电子试卷或者由专门的工作人员予以协助；等等。

3. 在公共服务方面，规定：公共服务机构和公共场所应当创造条件，为残疾人提供语音和文字提示、手语、盲文等信息交流服务；公共交通工具应当逐步达到无障碍设施的要求；有条件的公共停车场应当为残疾人设置专用停车位；等等。

(三)关于权利救济和法律责任

为了使保障残疾人合法权益的各项措施能够顺利实施，《残疾人保障法》规定了残疾人合法权益受到侵害时的救济渠道，同时对侵害残疾人合法权益的违法行为所应承担的法律责任进行了强化。

与《残疾人保障法》有关的法律法规包括《无障碍环境建设法》《劳动法》《就业促进法》《义务教育法》《残疾人就业条例》《残疾人教育条例》《残疾预防和残疾人康复条例》等。

中华人民共和国
残疾人保障法

（1990年12月28日第七届全国人民代表大会常务委员会第十七次会议通过　2008年4月24日第十一届全国人民代表大会常务委员会第二次会议修订　根据2018年10月26日第十三届全国人民代表大会常务委员会第六次会议《关于修改〈中华人民共和国野生动物保护法〉等十五部法律的决定》修正）

第一章　总　　则

第一条　【立法目的和依据】[①]为了维护残疾人的合法权益，发展残疾人事业，保障残疾人平等地充分参与社会生活，共享社会物质文化成果，根据宪法，制定本法。

条文注释[②]

关心残疾人是社会文明进步的重要标志。以保障残疾人"平等参与、共享"社会生活为核心内容的现代文明社会的观念已经逐步形成，并不断丰富和发展。发展残疾人事业，提高社会福利水平，既可以使残疾人的权利得到更好的实现，也可以使残疾人平等地充分

[①②]　条文主旨、条文注释为编者所加，仅供参考，全书同。——编者注

参与社会生活,让他们共享社会物质文化成果。本条从立法目的和立法依据两个方面体现了我国在残疾人保障方面的基本原则和立场。

本法依据《宪法》而制定。《宪法》第33条第3款规定:"国家尊重和保障人权。"第45条规定:"中华人民共和国公民在年老、疾病或者丧失劳动能力的情况下,有从国家和社会获得物质帮助的权利。国家发展为公民享受这些权利所需要的社会保险、社会救济和医疗卫生事业。国家和社会保障残废军人的生活,抚恤烈士家属,优待军人家属。国家和社会帮助安排盲、聋、哑和其他有残疾的公民的劳动、生活和教育。"

关联法规

《残疾人教育条例》第1条

第二条 【残疾人的概念、类别和残疾标准】残疾人是指在心理、生理、人体结构上,某种组织、功能丧失或者不正常,全部或者部分丧失以正常方式从事某种活动能力的人。

残疾人包括视力残疾、听力残疾、言语残疾、肢体残疾、智力残疾、精神残疾、多重残疾和其他残疾的人。

残疾标准由国务院规定。

条文注释

从各国立法实践来看,残疾人的概念、类别和残疾标准是各国在进行残疾人立法时首先要解决的问题,并且十分重要。明确了这三个问题,就明确了法律所调整的主体范围。因此,有必要根据我国的具体国情,在本法中对这三个问题加以规定。

本法规定的残疾人概念具有医学属性和社会属性双重属性。从医学属性看,残疾人是指在心理、生理、人体结构上,某种组织、功能丧失或者不正常的人;从社会属性看,残疾人是指全部或者部分丧失以正常方式从事某种活动能力的人。这里的医学属性和社会属性互相作用,二者缺一不可。

根据本法规定,残疾人共分为以下八类:(1)视力残疾人;(2)听力残疾人；(3)言语残疾人；(4)肢体残疾人；(5)智力残疾人；(6)精神残疾人；(7)多重残疾人；(8)其他残疾的人。

各国因经济和社会发展水平有所不同,对残疾标准衡量的尺度不一。目前,我国评定残疾人的基本依据是国务院批准的全国残疾人抽样调查中的残疾标准。此外,国务院相关部门对因公致残人员、残疾军人另有残疾等级评定标准的规定。

第三条 【残疾人权益保护】残疾人在政治、经济、文化、社会和家庭生活等方面享有同其他公民平等的权利。

残疾人的公民权利和人格尊严受法律保护。

禁止基于残疾的歧视。禁止侮辱、侵害残疾人。禁止通过大众传播媒介或者其他方式贬低损害残疾人人格。

条文注释

平等权是指公民平等地享有各项权利,不受任何差别对待。平等权是首要的和基本的人权,我国《宪法》第33条第2款明确规定："中华人民共和国公民在法律面前一律平等。"本条第1款进一步明确了残疾人在政治、经济、文化、社会和家庭生活等方面享有同其他公民平等的权利。

公民权利是指公民在政治、经济、文化、社会和家庭生活等方面所享有的权利。我国《宪法》第2章中对公民权利作出了规定。人格尊严是指公民作为平等的人的资格和主体地位不受侵犯的权利,包括名誉权、肖像权、姓名权、隐私权等。我国《宪法》第38条规定："中华人民共和国公民的人格尊严不受侵犯。禁止用任何方法对公民进行侮辱、诽谤和诬告陷害。"本条第2款进一步明确了残疾人的公民权利和人格尊严受法律保护。

禁止基于残疾的歧视的内涵比禁止歧视残疾人的内涵更加丰富。我国政府已签署的《残疾人权利公约》中明确规定,缔约国应当禁止一切基于残疾的歧视。根据这一规定,基于残疾的歧视包括了一切形式的歧视,不仅包括教育、就业等歧视,还包括拒绝为残疾人提供合理便利等不作为情形。此外,在现实生活中,歧视的对象除了残疾人以外，还包括与残疾人有联系的人或组织，如残疾人的配偶、残疾人的亲属、残疾人的照料者、残疾人的同事、残疾人的工作单位、残疾人的供养和托养机构、残疾人组织等。对上述对象的歧视都应予禁止。

关联法规

《民法典》第109条

第四条 【特别扶助】国家采取辅助方法和扶持措施，对残疾人给予特别扶助，减轻或者消除残疾影响和外界障碍，保障残疾人权利的实现。

条文注释

特别扶助是指对特殊群体的扶持和帮助。本条规定的对残疾人的特别扶助具有以下特点：一是特别扶助的主体是国家；二是特别扶助的内容包括辅助方法和扶持措施两个方面；三是国家对残疾人给予特别扶助是残疾人权利得以实现的基本保障。

残疾人是一个特殊的群体，他们在参与社会生活时，除具有公民的共性外，还存在特殊性，因此对他们必须辅以一些特殊的辅助方法和扶持措施。例如，在教育方面，辅以特殊的教育方式，并且特殊教育的课程设置、教材、教学方法、入学和在校年龄等可以有适度弹性；在文化生活方面，推进电视栏目、影视作品加配字幕、解说；等等。

此外，本法还在康复、教育、劳动就业、文化生活、社会保障、无障碍环境等方面具体规定了特别扶助的主要内容。

第五条 【政府责任】县级以上人民政府应当将残疾人事业纳入国民经济和社会发展规划，加强领导，综合协调，并将残疾人事业经费列入财政预算，建立稳定的经费保障机制。

国务院制定中国残疾人事业发展纲要，县级以上地方人民政府根据中国残疾人事业发展纲要，制定本行政区域的残疾人事业发展规划和年度计划，使残疾人事业与经济、社会协调发展。

县级以上人民政府负责残疾人工作的机构,负责组织、协调、指导、督促有关部门做好残疾人事业的工作。

各级人民政府和有关部门,应当密切联系残疾人,听取残疾人的意见,按照各自的职责,做好残疾人工作。

【条文注释】

目前,我国残疾人事业发展形成了政府主导、社会各界广泛参与、残疾人组织积极发挥作用、协调运作的工作机制,这是由残疾人事业的多领域、跨部门、综合性强等特点所决定的。政府发挥主导作用,是发展残疾人事业的根本保证。

根据本条规定,政府在残疾人事业发展方面的主要职责包括以下四个层面:一是将残疾人事业纳入国民经济和社会发展规划,并建立稳定的经费保障机制;二是制定残疾人事业发展纲要、发展规划和年度计划;三是负责残疾人工作的机构负责组织、协调、指导、督促有关部门做好残疾人事业的工作;四是各级人民政府和有关部门,应当密切联系残疾人,听取残疾人的意见,按照各自的职责,做好残疾人工作。

【关联法规】

《残疾预防和残疾人康复条例》第27条

第六条 【残疾人参与政治生活】国家采取措施,保障残疾人依照法律规定,通过各种途径和形式,管理国家事务,管理经济和文化事业,管理社会事务。

制定法律、法规、规章和公共政策,对涉及残疾人权益和残疾人事业的重大问题,应当听取残疾人和残疾人组织的意见。

残疾人和残疾人组织有权向各级国家机关提出残疾人权益保障、残疾人事业发展等方面的意见和建议。

【条文注释】

政治参与是指公民通过一定的方式直接或间接地影响国家政

治生活的一切活动。它既是现代社会民主制度赖以存在的基础,也是民主政治的基本特征之一。可以说,没有公民参与,就没有民主政治。我国《宪法》第2条第3款规定:"人民依照法律规定,通过各种途径和形式,管理国家事务,管理经济和文化事业,管理社会事务。"各级人民政府采取措施,使残疾人在与其他人平等的基础上,不受任何歧视地参与处理公共事务,并对参与处理公共事务的残疾人进行鼓励。

根据本条第2款的规定,制定法律、法规、规章和公共政策,对涉及残疾人权益和残疾人事业的重大问题,应当听取残疾人和残疾人组织的意见。主动听取残疾人的意见是实现立法和决策过程的科学性、民主性的重要途径。听取意见可以采取座谈会、论证会、听证会等多种形式。

我国《宪法》第41条中规定,中华人民共和国公民对于任何国家机关和国家工作人员,有提出建议的权利。本条第3款根据《宪法》的规定作出了具体规定。其内容包括:(1)提出意见和建议的主体是残疾人和残疾人组织;(2)提出意见和建议的对象是各级国家机关;(3)提出意见和建议的内容与残疾人权益保障、残疾人事业发展等方面相关。

第七条 【全社会支持残疾人事业】全社会应当发扬人道主义精神,理解、尊重、关心、帮助残疾人,支持残疾人事业。

国家鼓励社会组织和个人为残疾人提供捐助和服务。

国家机关、社会团体、企业事业单位和城乡基层群众性自治组织,应当做好所属范围内的残疾人工作。

从事残疾人工作的国家工作人员和其他人员,应当依法履行职责,努力为残疾人服务。

条文注释

从某种意义上讲,残疾人事业是人道主义事业,而发扬人道主义精神,理解、尊重、关心、帮助残疾人,支持残疾人事业,既是社会进步和人类文明的标志,也是全社会义不容辞的责任。

政府财政投入是残疾人事业保障经费的主要来源,但残疾人事业保障经费仅仅依靠政府的财政投入是不够的,要充分调动社会组织和个人的积极性,鼓励社会组织和个人为残疾人提供捐助和服务,充分集合社会力量发展残疾人事业。

国家机关要将残疾人工作纳入职责范围和目标管理,密切配合协作,切实提高为残疾人提供社会保障和公共服务的水平;工会、共青团、妇联、老龄协会等社会团体要充分发挥各自的优势,支持残疾人工作,维护残疾职工、残疾青年、残疾妇女、残疾儿童和残疾老年人的合法权益;企业事业单位要增强社会责任感,为残疾人事业发展贡献力量;城乡基层群众性自治组织即居委会、村委会,要做好所属范围内的残疾人工作。

关联法规

《残疾人教育条例》第9条;《残疾预防和残疾人康复条例》第7条

第八条 【残联及其地方组织】中国残疾人联合会及其地方组织,代表残疾人的共同利益,维护残疾人的合法权益,团结教育残疾人,为残疾人服务。

中国残疾人联合会及其地方组织依照法律、法规、章程或者接受政府委托,开展残疾人工作,动员社会力量,发展残疾人事业。

条文注释

中国残疾人联合会是国务院批准的全国残疾人事业组织,它将代表功能、服务功能、管理功能融为一体,是半官方半民间性质的综合性事业组织。各级地方残疾人联合会是中国残疾人联合会的地方组织,由地方同级政府批准,并受上级残疾人联合会指导。需要注意的是,残疾人联合会具有半官方性质,残疾人个人不能建立残疾人联合会。但是,各地残疾人如果想要加入残疾人联合会,不必办理入会手续,只要医疗部门和各级地方残疾人联合会认定其为残疾人,其就是残疾人联合会的当然会员。

依据本法及相关法律法规,各级残疾人联合会的主要职责是:(1)代表各类残疾人的共同利益,维护残疾人的合法权益,团结、教育残疾人,加强政府、社会与残疾人之间的联系和沟通;(2)协助政府、社会推进残疾人事业,并独立开展一些业务工作,举办各类活动,广泛动员社会力量,为残疾人服务;(3)对残疾人事业进行整体研究,统一规划,提出政策、立法、规划方面的建议,并在这些方面发挥综合、协调、咨询、服务作用;(4)承担政府残疾人工作协调机构的日常工作,贯彻实施协调机构的决议、决定,调查研究,提出议题,做好议题的准备工作;(5)负责残疾人事业一些业务领域的归口管理和行业指导;(6)负责与联合国有关部门、国际残疾人组织、各国残疾人组织有关残疾人事务的交流与合作。

关联法规

《中国残疾人联合会章程》;《残疾预防和残疾人康复条例》第5条

第九条 【对残疾人的扶养义务】 残疾人的扶养人必须对残疾人履行扶养义务。

残疾人的监护人必须履行监护职责,尊重被监护人的意愿,维护被监护人的合法权益。

残疾人的亲属、监护人应当鼓励和帮助残疾人增强自立能力。

禁止对残疾人实施家庭暴力,禁止虐待、遗弃残疾人。

条文注释

本条中的"扶养",应当作广义的理解。对残疾人负有法定抚养、扶养和赡养义务的人,是残疾人的法定扶养人。

和残疾人关系最密切的人,是残疾人的亲属和监护人。我国有几千万名残疾人,他们大多数与自己的家庭成员生活在一起,家庭是他们的主要依靠。家庭成员对残疾人的态度,对残疾人的身体和精神状况会产生直接的影响。法律赋予了残疾人的监护人对残疾人的监护职责,残疾人的监护人必须履行。残疾人的监护人必须尊重被监护人的意愿,维护被监护人的合法权益。

残疾人因自身存在肢体、言语等障碍,需要家庭成员的扶养和照顾。在我国社会保障较为有限的情况下,家庭承担着照顾残疾人生活的主要责任。为保护残疾人的合法权益,对不履行法定扶养义务,对残疾人实施家庭暴力,虐待、遗弃残疾人的行为,有关法律规定了相应的制裁措施。家庭暴力是指行为人以殴打、捆绑、残害、强行限制人身自由或者其他手段,给其家庭成员的身体、精神等造成一定伤害后果的行为。家庭暴力包括身体暴力、语言暴力、性暴力等,持续性、经常性的家庭暴力,构成虐待。虐待是指对共同生活的家庭成员经常采取打骂、捆绑、冻饿、有病不给医治、强迫超体力劳动、限制自由等方式,从肉体或精神上对其进行摧残、折磨的行为。遗弃是指对年老、年幼、患病或其他没有独立生活能力的人,负有扶养义务而拒绝扶养的行为。针对家庭暴力、虐待和遗弃行为,应依照《治安管理处罚法》的规定对行为人进行处罚;情节恶劣的,应依照《刑法》的规定追究行为人的刑事责任。

关联法规

《民法典》第128、1041条;《民事诉讼法》第187~190条;《刑法》第260、260条之一、261条;《妇女权益保障法》第38条;《老年人权益保障法》第15条

第十条 【残疾人的义务】国家鼓励残疾人自尊、自信、自强、自立,为社会主义建设贡献力量。

残疾人应当遵守法律、法规,履行应尽的义务,遵守公共秩序,尊重社会公德。

条文注释

从一定意义上讲,我国《宪法》中所规定的所有公民应当履行的义务,残疾人也应当履行。这些义务包括:接受教育的义务;维护国

家统一和全国各民族团结的义务;遵守《宪法》和法律、保守国家秘密、爱护公共财产、遵守劳动纪律、遵守公共秩序、尊重社会公德的义务;维护祖国的安全、荣誉和利益的义务;依法纳税的义务;等等。对于这些义务,无论是残疾人还是健全公民,都应该遵守,不存在任何区别对待的问题。但是,一些特殊义务如服兵役、参加民兵组织等,鉴于残疾人自身客观条件的限制,不宜让残疾人去履行。

需要注意的是,残疾人自身的残疾状况虽然限制了他们的行为能力,但是遵纪守法、自觉遵守各项劳动纪律、维护公共秩序、遵守交通规则等义务他们还是能够履行的。如果残疾人倚仗自身存在残疾而无视法律的规定,在繁华的公共场所或交通要道乞讨、卖艺影响市容和交通,或者参与违法犯罪,破坏社会秩序,不仅得不到法律的保护,情节严重的,还会受到法律的惩罚。

第十一条 【残疾预防工作与残疾人统计调查】国家有计划地开展残疾预防工作,加强对残疾预防工作的领导,宣传、普及母婴保健和预防残疾的知识,建立健全出生缺陷预防和早期发现、早期治疗机制,针对遗传、疾病、药物、事故、灾害、环境污染和其他致残因素,组织和动员社会力量,采取措施,预防残疾的发生,减轻残疾程度。

国家建立健全残疾人统计调查制度,开展残疾人状况的统计调查和分析。

条文注释

开展残疾预防工作对于保护公民健康、保护人力资源、提高国民素质、推动物质文明和精神文明建设都具有十分重要的意义。由于实践中的致残因素多种多样,目前我国对残疾预防工作采取的主要措施有:坚持计划生育和优生优育,反对近亲结婚,防止有害遗传;加强计划免疫,防治流行性疾病和地方病;搞好环境保护,控制污染和公害;减少各种事故;改进保健服务,防止滥用药物;严禁生产和销售伪劣假冒药品;等等。

随着工业化的不断发展、环境的不断变化和人们生活方式的改变,导致残疾人残疾的社会的、生产的、遗传的、药物的、环境的因素也出现了一些新的变化。通过统计调查获得残疾人致残原因及其变化的数据资料,对于健全残疾防控机制、预防残疾的发生具有重要意义。

关联法规

《母婴保健法》第10、14~18、23、24、28~32条;《人口与计划生育法》第30条;《残疾预防和残疾人康复条例》第2章

第十二条 【特别保障】国家和社会对残疾军人、因公致残人员以及其他为维护国家和人民利益致残的人员实行特别保障,给予抚恤和优待。

条文注释

特别保障是在特别扶助以外给予残疾人的另一种特别待遇,主要适用于残疾军人和因公致残人员。特别保障制度的确立,有助于激发和保护我国公民建设祖国和保卫祖国的热情。

按照我国法律和民政部门有关伤残抚恤的政策规定,残疾人中可以享受特别保障的人主要有以下四种:

一是因革命战争致残的人,主要是指在对敌作战中负伤致残,符合评残标准的人员。

二是现役军人中因病致残的人,主要是指义务兵和初级士官在服现役期间,得了包括精神病在内的疾病,经过治疗痊愈以后,仍然符合二等以上病残条件的人员。这种情况对义务兵和初级士官以外的人并不适用。

三是因公致残人员,是指在执行公务中致残,经医疗终结,符合评定残疾条件的人员。因公致残的具体范围包括:(1)在军事训练、施工、生产等活动中和上下班途中遭到非本人责任及无法抗拒的意外伤致残的;(2)在执行任务过程中被犯罪分子致残的;(3)在维护社会治安、保护人民生命财产安全、保护国家和集体财产过程中,被

犯罪分子致伤或遭到意外伤致残的;(4)因患职业病致残的;(5)因医疗事故致残的。

四是为维护国家和人民利益致残的人员,主要包括因抢险救灾、见义勇为致残的人员。一些地方设立了奖励基金,对因抢险救灾、见义勇为等致残的人员给予奖励。

关联法规

《预备役军官法》第55条;《国防法》第65条;《兵役法》第56、57、60、61、63、65条;《军人抚恤优待条例》第21~31条;《伤残抚恤管理办法》;《一至六级残疾军人医疗保障办法》

第十三条 【表彰和奖励】对在社会主义建设中做出显著成绩的残疾人,对维护残疾人合法权益、发展残疾人事业、为残疾人服务做出显著成绩的单位和个人,各级人民政府和有关部门给予表彰和奖励。

条文注释

对在社会主义建设中做出显著成绩的残疾人,对维护残疾人合法权益、发展残疾人事业、为残疾人服务做出显著成绩的单位和个人给予表彰和奖励,并使之法律化、制度化,是维护残疾人合法权益、发展残疾人事业的一项意义重大的工作。

国家奖励,是指各级人民政府和有关部门为了表彰先进、激励后进,充分调动人们的积极性和创造性,依照法定条件和程序,对为国家和社会做出突出贡献的组织和个人,或模范地遵纪守法的组织和个人,给予物质奖励或者精神奖励的一种具体行政行为。国家奖励包括表彰和奖励,主要采取以下三种形式:(1)赋予精神方面的权益,即通常所说的表彰,是指给予受奖人某种荣誉,如授予称号、通报表扬、通令嘉奖、记功、发给奖状、荣誉证书、奖章等;(2)赋予物质方面的权益,即发给奖金或各种奖品;(3)赋予职权方面的权益,即对受奖人予以晋级或晋职。

关联法规

《残疾预防和残疾人康复条例》第 9 条

第十四条　【助残日】每年 5 月的第三个星期日为全国助残日。

条文注释

　　本条是关于全国助残日的规定。全国助残日既是宣传残疾人事业的一个重要载体,也是精神文明建设活动的一个重要载体。助残日活动为残疾人提供了各种具体的服务与帮助,其规模与声势逐渐扩大,影响日益深入人心。这种用法律形式确定的全国助残日活动,有效地培育了全社会扶残、助残的风尚,提高了全民的助残意识。

第二章　康　　复

第十五条　【康复服务】国家保障残疾人享有康复服务的权利。

　　各级人民政府和有关部门应当采取措施,为残疾人康复创造条件,建立和完善残疾人康复服务体系,并分阶段实施重点康复项目,帮助残疾人恢复或者补偿功能,增强其参与社会生活的能力。

条文注释

　　康复服务能够帮助残疾人恢复或者补偿功能,增强其生活自理和社会适应能力,使其能够更好地参与社会生活。国家应当采取措施保障残疾人获得康复服务。残疾人康复工作是政府工作的重要组成部分,各级政府和有关部门要充分认识到残疾人康复工作的重要性,切实履行法定职责。建立和完善残疾人康复服务体系就是要建立和完善以专业康复机构为骨干、社区为基础、家庭为依托的社会化康复服务体系。康复工作应当坚持实施重点工程与提供普遍服务相结合的原则,在保证提供普遍服务的基础上,分阶段选择残疾人迫切需要又有可能做到的康复项目,实施一批重点工程。

关联法规

《残疾预防和残疾人康复条例》第 2 条

第十六条 【康复工作的总体要求】康复工作应当从实际出发,将现代康复技术与我国传统康复技术相结合;以社区康复为基础,康复机构为骨干,残疾人家庭为依托;以实用、易行、受益广的康复内容为重点,优先开展残疾儿童抢救性治疗和康复;发展符合康复要求的科学技术,鼓励自主创新,加强康复新技术的研究、开发和应用,为残疾人提供有效的康复服务。

条文注释

对残疾人进行康复治疗,必须灵活运用各种康复技术,坚持现代康复技术与传统康复技术相结合的原则。所谓现代康复技术,是指采用现代科技手段对残疾人进行恢复治疗的康复技术,如安装电动假肢、电子耳蜗等。所谓传统康复技术,是指采用传统治疗方法对残疾人进行恢复治疗的康复技术,如针灸、按摩等。社区康复是指以社区康复站点为基础,为残疾人提供就近便利的康复医疗、训练指导、心理支持、知识普及、用品用具以及康复咨询、转介、信息等多种服务。机构康复是指康复机构利用先进的设备和较高的专业技术,对残疾人开展身体功能、心理疏导、社会适应等多方面的康复服务。

关联法规

《残疾预防和残疾人康复条例》第 17 条

第十七条 【康复机构及康复训练】各级人民政府鼓励和扶持社会力量兴办残疾人康复机构。

地方各级人民政府和有关部门,应当组织和指导城乡社区服务组织、医疗预防保健机构、残疾人组织、残疾人家庭和其他社会力量,开展社区康复工作。

> 残疾人教育机构、福利性单位和其他为残疾人服务的机构,应当创造条件,开展康复训练活动。
> 　残疾人在专业人员的指导和有关工作人员、志愿工作者及亲属的帮助下,应当努力进行功能、自理能力和劳动技能的训练。

条文注释

　　政府有关部门、城乡社区服务组织、医疗预防保健机构、残疾人组织、残疾人家庭、残疾人教育机构、福利性单位和其他为残疾人服务的机构都是残疾人康复事业的重要力量,应当各司其职,开展残疾人康复工作。政府和有关部门,应当组织和指导社会力量,开展社区康复工作,为残疾人提供就近便利的康复医疗、训练指导、心理支持、知识普及、用品用具以及康复咨询、转介、信息等多种服务。残疾人教育机构包括幼儿教育机构、各级各类学校及其他教育机构。福利性单位既包括福利性企业单位,也包括福利性事业单位。除了要发挥社会力量的作用帮助残疾人进行康复训练之外,残疾人自己也要做好自我康复训练,提高康复效果。

关联法规

　　《残疾预防和残疾人康复条例》第 20 条

> **第十八条 【康复医学科室、康复机构】**地方各级人民政府和有关部门应当根据需要有计划地在医疗机构设立康复医学科室,举办残疾人康复机构,开展康复医疗与训练、人员培训、技术指导、科学研究等工作。

条文注释

　　康复医学科室是指在康复医学理论的指导下,应用功能测评和物理治疗、作业治疗、传统康复治疗、言语治疗、心理治疗、康复工程等康复医学的诊断、治疗技术,与相关的临床科室密切协作,着重为病伤急性期、恢复早期的有关躯体或内脏器官功能障碍的患者,提供临床早期的康复医学专业诊疗服务,同时也为患疑难杂症的功能障碍患者提供相应的后期康复医学诊疗服务,并为所在社区的残疾人康复工作提供康复医学培训和技术指导的临床科室。有关部门举办的残疾人康复机构主要是指各级残联举办的残疾人康复中心。残疾人康复中心是公益性事业单位,其按照建设规模、人员配置、业务部门设置和技术水平的不同,分为一、二、三级三个不同等级。

第十九条 【康复专业人才】医学院校和其他有关院校应当有计划地开设康复课程,设置相关专业,培养各类康复专业人才。

政府和社会采取多种形式对从事康复工作的人员进行技术培训;向残疾人、残疾人亲属、有关工作人员和志愿工作者普及康复知识,传授康复方法。

条文注释

康复人才是残疾人康复工作的实践者,也是保证康复效果和质量的关键因素。康复人才主要包括康复工作管理人员、康复专业技术人员和社区康复员。其中,康复专业技术人员包括从事残疾人康复工作的康复医师、康复治疗师、康复工程技术人员和特殊教育教师。医学院校和其他有关院校应当有计划地开设康复课程,设置相关专业,大力培养康复专业人才,为康复事业的持续健康发展提供可靠的技术储备与支持。同时,政府和社会应当采取多种形式对从事康复工作的人员进行技术培训。另外,对残疾人、残疾人亲属、有关工作人员和志愿工作者,也要做好康复知识的普及和康复方法的传授工作。

关联法规

《残疾预防和残疾人康复条例》第22、23、24条

第二十条 【康复器械、辅助器具】政府有关部门应当组织和扶持残疾人康复器械、辅助器具的研制、生产、供应、维修服务。

条文注释

目前，我国有几千万名残疾人，其中60%以上的残疾人需要辅助器具。辅助器具服务是残疾人康复工作的重要组成部分，对于满足残疾人需求，实现残疾人"人人享有康复服务"具有重要意义。辅助器具主要包括改善功能的用具、日常生活的特殊用具、学习专业用具和从事生产活动的特殊设备，如假肢、矫形器、轮椅、助行器和自助器、拐杖、盲杖、盲表、聋人闹钟和门铃、盲人写字板和打字机等。辅助器具是残疾人补偿和改善功能、提高生存质量、增强社会生活参与能力最直接有效的手段之一。政府有关部门应当组织和扶持残疾人辅助器具的研制、生产、供应、维修服务，满足广大残疾人对辅助器具服务日益增长的需求，使残疾人普遍得到辅助器具服务。

关联法规

《残疾预防和残疾人康复条例》第30条

第三章 教 育

第二十一条 【残疾人的受教育权】 国家保障残疾人享有平等接受教育的权利。

各级人民政府应当将残疾人教育作为国家教育事业的组成部分，统一规划，加强领导，为残疾人接受教育创造条件。

政府、社会、学校应当采取有效措施，解决残疾儿童、少年就学存在的实际困难，帮助其完成义务教育。

各级人民政府对接受义务教育的残疾学生、贫困残疾人家庭的学生提供免费教科书，并给予寄宿生活费等费用补助；对接受义务教育以外其他教育的残疾学生、贫困残疾人家庭的学生按照国家有关规定给予资助。

条文注释

提高残疾人受教育水平是残疾人全面实现自身价值的基本条

件。国家应当保障残疾人享有平等接受教育的权利。各级政府应当将残疾人教育全面纳入国民教育体系,统一规划,加强领导,统筹安排,同步实施。残疾儿童、少年与正常儿童、少年相比会遇到很多困难,有些困难是残疾人家庭所无法解决的,这时政府、社会、学校应当采取有效措施,解决残疾儿童、少年就学存在的实际困难,帮助其完成义务教育。目前,全国农村义务教育阶段家庭存在经济困难的残疾学生已能优先享受"两免一补"(免杂费、免书本费,补助寄宿生生活费)政策。本法加大了对残疾学生的扶持力度,所有接受义务教育的残疾学生、贫困残疾人家庭的学生都可获得免费教科书和补助寄宿生活费等资助。

关联法规

《宪法》第 45 条第 3 款;《义务教育法》第 2、6 条;《妇女权益保障法》第 18 条;《未成年人保护法》第 83 条;《教育法》第 10、39 条;《残疾人教育条例》第 2 条

第二十二条 【残疾人教育的方针】 残疾人教育,实行普及与提高相结合、以普及为重点的方针,保障义务教育,着重发展职业教育,积极开展学前教育,逐步发展高级中等以上教育。

条文注释

本条规定了残疾人教育的方针,即残疾人教育,实行普及与提高相结合、以普及为重点的方针。普及,就是要大力发展残疾人职业教育和培训,最大限度地满足广大残疾青少年学习职业技术的需求,为他们走向社会、求职就业创造条件。提高,就是在义务教育的基础上,逐步发展残疾人的高级中等特殊教育和高等特殊教育。

关联法规

《残疾人教育条例》第 3 条

第二十三条 【残疾人教育的要求】 残疾人教育应当根据残疾人的身心特性和需要,按照下列要求实施:

（一）在进行思想教育、文化教育的同时，加强身心补偿和职业教育；

（二）依据残疾类别和接受能力，采取普通教育方式或者特殊教育方式；

（三）特殊教育的课程设置、教材、教学方法、入学和在校年龄，可以有适度弹性。

条文注释

残疾人容易因自身存在的功能障碍产生消极情绪，在残疾人教育中把对残疾人的身体功能训练和培养残疾人自尊、自爱、自强、自立的思想教育结合起来，有助于残疾人摒弃自卑、自弃的消极情绪。

对于残疾人来说，接受残疾技术教育是为他们回归社会、参与社会生活做准备。之所以要依据残疾人的残疾类别和接受能力的不同，分别采取普通教育方式和特殊教育方式，是因为有些残疾人，如肢体残疾者、稳定期的精神残疾者和存在轻度的视力障碍、听力障碍的人，有能力和健全人一样，接受普通中小学、中专技校等普通教育方式；而盲、聋、哑人和智力不健全的人，接受普通教育方式常常受到自身条件的限制，因此为他们安排特殊教育方式是非常必要的。特殊教育的课程设置要有自己的特色，根据残疾人的身心特性和实际需要来设置。

第二十四条 【残疾人教育机构】县级以上人民政府应当根据残疾人的数量、分布状况和残疾类别等因素，合理设置残疾人教育机构，并鼓励社会力量办学、捐资助学。

条文注释

近年来，我国特殊教育事业取得了长足发展，办学条件得到了较大改善，特殊教育学校的数量不断增加，办学体系进一步完善，教育质量进一步提高，残疾儿童、少年的受教育权利进一步得到保障。但是，由于我国特殊教育基础薄弱，总体发展水平不高，特殊教育办学条件差、质量低,远不能满足广大残疾儿童、少年接受教育的需求,特殊教育学校办学条件亟待改善和提高。为此,县级以上人民政府应当根据残疾人的数量、分布状况和残疾类别等因素,合理设置残疾人教育机构。对于列入特殊教育学校建设总体规划,具有一定辐射作用,在师资队伍、运行经费、开工建设等各方面均具备条件且亟须建设的学校,有关部门应给予重点支持。

关联法规

《残疾人教育条例》第49、53条

第二十五条 【普通教育机构的责任】普通教育机构对具有接受普通教育能力的残疾人实施教育,并为其学习提供便利和帮助。

普通小学、初级中等学校,必须招收能适应其学习生活的残疾儿童、少年入学;普通高级中等学校、中等职业学校和高等学校,必须招收符合国家规定的录取要求的残疾考生入学,不得因其残疾而拒绝招收;拒绝招收的,当事人或者其亲属、监护人可以要求有关部门处理,有关部门应当责令该学校招收。

普通幼儿教育机构应当接收能适应其生活的残疾幼儿。

条文注释

我国残疾儿童、少年义务教育发展的基本格局是:以大量随班就读和特教班为主体,以特教学校为骨干,使我国特殊教育从过去举办特殊教育学校单一的办学形式转变为多种办学形式,为残疾儿童、少年入学提供更多的机会。残疾儿童、少年随班就读有利于残疾儿童、少年就近入学,有利于提高残疾儿童、少年的入学率,有利于残疾儿童与普通儿童互相理解、互相帮助,有利于促进特殊教育和普通教育有机结合、共同提高。随班就读的对象,主要是指具有接受普通教育能力的存在视力(包括盲和低视力)、听力(包括聋和重听)、智力(轻度,有条件的学校可以包括中度)以及肢体残疾等的适龄残疾儿童、少年。普通学校应当依法接收本校服务范围内能够在校学习的残疾儿童、少年随班就读,并为其学习提供便利和帮助。

关联法规

《残疾人教育条例》第 7 条

> **第二十六条 【特殊教育机构、特殊教育班的责任】**残疾幼儿教育机构、普通幼儿教育机构附设的残疾儿童班、特殊教育机构的学前班、残疾儿童福利机构、残疾儿童家庭,对残疾儿童实施学前教育。
>
> 初级中等以下特殊教育机构和普通教育机构附设的特殊教育班,对不具有接受普通教育能力的残疾儿童、少年实施义务教育。
>
> 高级中等以上特殊教育机构、普通教育机构附设的特殊教育班和残疾人职业教育机构,对符合条件的残疾人实施高级中等以上文化教育、职业教育。
>
> 提供特殊教育的机构应当具备适合残疾人学习、康复、生活特点的场所和设施。

条文注释

开设适合残疾幼儿、儿童的特殊教育机构,是为了对这部分孩子有针对性地实施必要的学前教育,有利于这部分孩子早期的功能训练和智力开发。对残疾儿童进行学前教育,对于开发残疾儿童的智力、健全残疾儿童的心理,具有重要作用。

在普通教育机构以外设立一些初级中等以下的特殊教育机构以及在普通教育机构附设特殊教育班,有助于不具有接受普通教育能力的残疾儿童、少年接受义务教育及完成义务教育所规定的学业,为他们日后步入社会打好文化基础。

高级中等以上教育属于选拔性教育,对符合条件又不具有接受普通教育能力的残疾人实施高级中等以上教育,可以更好地调动并发掘这部分残疾人的潜能,使他们能够为社会作出更大的贡献。

残疾人职业教育体系由普通职业教育机构和残疾人职业教育

机构组成,以普通职业教育机构为主体。残疾人职业教育学校和培训机构,应当根据社会需要和残疾人的身心特点合理设置专业,并根据教学需要和条件,发展校办企业,办好实习基地。

关联法规

《义务教育法》第19条;《高等教育法》第9条;《残疾人教育条例》;《特殊教育学校暂行规程》

第二十七条 【对残疾人的职业教育和培训】政府有关部门、残疾人所在单位和有关社会组织应当对残疾人开展扫除文盲、职业培训、创业培训和其他成人教育,鼓励残疾人自学成才。

条文注释

职业技术培训分为就业前培训和在职培训,其目的是通过必要的训练,使残疾人掌握从事某种职业或某项生产劳动所需要的知识和技能,提高他们的劳动技能和技术水平。《职业教育法》第15条规定:"残疾人职业教育除由残疾人教育机构实施外,各级各类职业学校和职业培训机构及其他教育机构应当按照国家有关规定接纳残疾学生。"另外,残疾人所在单位也应当对本单位的残疾人开展文化知识教育和技术培训。各级人民政府应当将残疾人职业教育纳入职业教育发展的总体规划,建立残疾人职业教育体系,统筹安排实施。县级以上地方各级人民政府应当根据需要,合理设置残疾人职业教育机构。

关联法规

《残疾人教育条例》第27~30条

第二十八条 【特殊教育师资的培养】国家有计划地举办各级各类特殊教育师范院校、专业,在普通师范院校附设特殊教育班,培养、培训特殊教育师资。普通师范院校开设特殊教育课程或者讲授有关内容,使普通教师掌握必要的特殊教育知识。

特殊教育教师和手语翻译,享受特殊教育津贴。

条文注释

　　振兴民族的希望在教育,振兴教育的希望在教师,师资力量是办学的关键因素之一。特殊教育事业需要一支数量充足、素质精良、教学水平高的教师队伍作为有力的支撑。国家制定相关政策,有计划、有针对性地鼓励和引导师范院校开设特殊教育专业。县级以上地方各级人民政府教育行政部门应当将残疾人教育师资的培训列入工作计划,并采取设立培训基地等形式,组织在职的残疾人教育教师的进修、培训。普通师范院校应当有计划地设置残疾人特殊教育必修课程或者选修课程,使学生掌握必要的残疾人特殊教育的基本知识和技能,以满足随班就读的残疾学生的教育需要。为了体现对特殊教育教师和手语翻译的关照,本条第2款规定特殊教育教师和手语翻译享受特殊教育津贴。

关联法规

　　《残疾人教育条例》第44~46条;《特殊教育学校暂行规程》第4章

第二十九条　【特殊教育辅助手段的规定】政府有关部门应当组织和扶持盲文、手语的研究和应用,特殊教育教材的编写和出版,特殊教育教学用具及其他辅助用品的研制、生产和供应。

条文注释

　　为保障盲、聋、哑残疾人接受教育的需要,政府有关部门应当组织和支持盲文、手语的研究、推广与应用工作。盲文,又称点子、凸字,是专为盲人设计的靠触觉感知的文字,由法国盲人路易·布莱尔所发明。手语是聋哑人之间、聋哑人与健全人之间交流的语言。中国手语由手势语和手指语构成,以手势语为主。

　　特殊教育教材、学具、教具和其他辅助用品,既是发展特殊教育的必备手段,也是特殊教育区别于普通教育的重要标志。因此,有关部门应根据社会需要和残疾人的特点,组织编写、修改、审定特殊教育教材并会同有关部门做好出版、发行工作,同时也要积极组织好特殊教育教学用具及其他辅助用品的研制、生产和供应工作。
关联法规
《残疾人教育条例》第 55 条

第四章　劳动就业

第三十条　【残疾人的劳动权】国家保障残疾人劳动的权利。

各级人民政府应当对残疾人劳动就业统筹规划，为残疾人创造劳动就业条件。

条文注释

本条包括两款内容。第 1 款明确规定了国家保障残疾人劳动的权利。劳动是公民的基本权利，《宪法》第 42 条第 1 款规定："中华人民共和国公民有劳动的权利和义务。"残疾人劳动就业对于改善残疾人的生活状况，提高残疾人的社会地位，使残疾人平等充分地参与社会生活，共享社会物质文化成果具有重要意义。

第 2 款是关于政府对残疾人劳动就业职责的规定。政府在促进残疾人就业工作中具有主导作用，各级人民政府应当对残疾人就业统筹规划，采取具体措施，创造条件，促进残疾人就业，保障残疾人的劳动权利。

关联法规
《宪法》第 45 条第 3 款;《就业促进法》第 29 条

第三十一条　【残疾人劳动就业的方针、措施】残疾人劳动就业，实行集中与分散相结合的方针，采取优惠政策和扶持保护措施，通过多渠道、多层次、多种形式，使残疾人劳动就业逐步普及、稳定、合理。

条文注释

残疾人劳动就业,实行集中与分散相结合的方针。其中,"集中"是指通过政府和社会举办残疾人福利企业、盲人按摩机构和其他福利性单位,集中安排残疾人就业。"分散"是指国家机关、社会团体、企业事业单位、民办非企业单位按照规定的比例,相对分散安排残疾人就业。残疾人也可以通过自主择业、自主创业及从事种植业、养殖业、手工业等方式实现个体就业。

优惠政策和扶持保护措施,是指对安排残疾人就业的单位,在税收、信贷等方面依法给予优惠,鼓励各单位积极安排残疾人就业,鼓励和扶持残疾人从事个体经营,自主创业。

关联法规

《残疾人就业条例》第2、4条

第三十二条 【集中安排残疾人就业】政府和社会举办残疾人福利企业、盲人按摩机构和其他福利性单位,集中安排残疾人就业。

条文注释

福利企业是以集中安排残疾人就业为目的的具有社会福利性质的特殊企业。盲人按摩机构是以主要解决盲人就业为目的的福利性单位,包括在卫生行政部门登记的盲人医疗按摩机构和在工商行政管理机关登记注册的盲人保健按摩机构。其他福利性单位是指除福利企业、盲人按摩机构之外的,其他集中安排残疾人就业达到一定比例的各类企业事业单位以及民办非企业单位等,如工疗机构。所谓工疗机构,是指集就业和康复为一体,组织精神、智力等残疾人员参加适当生产劳动和实施康复治疗与训练的集中安置残疾人的单位。工疗机构不仅包括精神病院附设的康复车间、企业附设的工疗车间、基层政府和组织兴办的工疗站等,也包括托养服务工场、职业康复工场等集中安置残疾人达到规定比例和条件的单位。

关联法规

《残疾人就业条例》第10条

第三十三条 【按比例安排残疾人就业】国家实行按比例安排残疾人就业制度。

国家机关、社会团体、企业事业单位、民办非企业单位应当按照规定的比例安排残疾人就业,并为其选择适当的工种和岗位。达不到规定比例的,按照国家有关规定履行保障残疾人就业义务。国家鼓励用人单位超过规定比例安排残疾人就业。

残疾人就业的具体办法由国务院规定。

条文注释

根据《残疾人就业条例》的规定,用人单位安排残疾人就业的比例不得低于本单位在职职工总数的1.5%,这是结合当前社会经济发展现状、残疾劳动者的比例以及用人单位的承受力等情况而作出的安排残疾人就业最低比例的规定。各省、自治区、直辖市人民政府根据本地区经济、社会发展的实际情况,以及当地残疾人的教育、培训、就业情况,在不低于1.5%的基础上作出具体的规定。

关联法规

《残疾人就业条例》第8、9条

第三十四条 【残疾人自主择业、自主创业】国家鼓励和扶持残疾人自主择业、自主创业。

条文注释

自主择业、自主创业具有就业范围广、就业形势灵活的优势。在当前就业矛盾普遍突出、残疾人就业尤为困难的情况下,残疾人通过自主择业、自主创业实现劳动就业,不仅可以解决残疾人的生活问题,还可以减轻国家和社会的负担及就业压力,具有更为积极的现实意义。鼓励和扶持残疾人自主择业、自主创业,是新形势下解决残疾人就业问题的有效途径。我国采取了很多措施鼓励和扶持残疾人自主择业、自主创业。

关联法规

《残疾人就业条例》第 19 条

第三十五条 【组织、扶持农村残疾人的生产劳动】地方各级人民政府和农村基层组织,应当组织和扶持农村残疾人从事种植业、养殖业、手工业和其他形式的生产劳动。

条文注释

有关数据表明,我国有半数以上的残疾人生活在农村,不少农村残疾人尚未解决温饱问题。组织和扶持农村有劳动能力的残疾人参加生产劳动,是残疾人就业工作的重要组成部分,对解决农村残疾人的贫困问题,改善农村残疾人的生活状况具有重要意义。此外,组织和扶持农村有劳动能力的残疾人参加生产劳动,也有助于这部分残疾人发挥主动性、创造性,实现自尊、自信、自强、自立。

关联法规

《残疾人就业条例》第 20 条

第三十六条 【扶持残疾人就业的优惠措施】国家对安排残疾人就业达到、超过规定比例或者集中安排残疾人就业的用人单位和从事个体经营的残疾人,依法给予税收优惠,并在生产、经营、技术、资金、物资、场地等方面给予扶持。国家对从事个体经营的残疾人,免除行政事业性收费。

县级以上地方人民政府及其有关部门应当确定适合残疾人生产、经营的产品、项目,优先安排残疾人福利性单位生产或者经营,并根据残疾人福利性单位的生产特点确定某些产品由其专产。

政府采购,在同等条件下应当优先购买残疾人福利性单位的产品或者服务。

地方各级人民政府应当开发适合残疾人就业的公益性岗位。

对申请从事个体经营的残疾人,有关部门应当优先核发营业执照。

对从事各类生产劳动的农村残疾人,有关部门应当在生产服务、技术指导、农用物资供应、农副产品购销和信贷等方面,给予帮助。

【条文注释】

2016年5月5日,财政部、国家税务总局发布《关于促进残疾人就业增值税优惠政策的通知》,对促进残疾人就业的增值税政策进行了调整完善。对安置残疾人的单位和个体工商户,实行由税务机关按纳税人安置残疾人的人数,限额即征即退增值税的办法。残疾人个人提供的加工、修理修配劳务,免征增值税。

残疾人申办个体工商户、从事个体经营的,凭"中华人民共和国残疾人证"和当地残疾人联合会证明(证明残疾人本人残疾类别、程度,家庭或个人经济收入情况),工商行政管理部门按照规定免收管理类、登记类和证照类的行政事业性收费。

【关联法规】

《个人所得税法》第5条;《企业所得税法》第30条;《就业促进法》第17、18条;《企业所得税法实施条例》第96条;《残疾人就业条例》第15、17、18条

第三十七条 【就业服务机构】政府有关部门设立的公共就业服务机构,应当为残疾人免费提供就业服务。

残疾人联合会举办的残疾人就业服务机构,应当组织开展免费的职业指导、职业介绍和职业培训,为残疾人就业和用人单位招用残疾人提供服务和帮助。

【条文注释】

残疾人联合会设立的残疾人就业服务机构,是专门负责为残疾

人群体提供就业服务的公共就业服务机构。残疾人职业培训机构应根据残疾人的具体情况和特殊需要,设置特殊的培训手段和条件,使在普通培训机构中难以接受培训的残疾人能够得到职业培训,实现就业。其他职业培训机构,也应接受残疾人参加培训。对在各类职业培训机构中学习且生活困难的残疾人,残疾人就业服务机构应酌情给予补贴。农村残疾人职业培训以乡(镇)为单位,依托当地各种形式的实用技术培训和科技扶贫活动,对残疾人进行随班培训或单独设班培训。

关联法规

《残疾人就业条例》第21~23条

> **第三十八条 【残疾人的劳动保护权】**国家保护残疾人福利性单位的财产所有权和经营自主权,其合法权益不受侵犯。
>
> 在职工的招用、转正、晋级、职称评定、劳动报酬、生活福利、休息休假、社会保险等方面,不得歧视残疾人。
>
> 残疾职工所在单位应当根据残疾职工的特点,提供适当的劳动条件和劳动保护,并根据实际需要对劳动场所、劳动设备和生活设施进行改造。
>
> 国家采取措施,保障盲人保健和医疗按摩人员从业的合法权益。

条文注释

残疾人的劳动保护权是法律关于保护残疾人在劳动就业方面的合法权益的规定,包括对残疾人福利性单位合法权益的保护,对残疾人平等就业权的保护,提供适应残疾人特点的劳动条件和劳动保护等。

概括地说,残疾人的劳动保护权主要包括:

(1)对残疾人福利性单位合法权益的保护。福利性单位是以集中安排残疾人就业为目的、具有社会福利性质的特殊单位,包括残疾人福利企业、盲人按摩机构和其他福利性单位。对残疾人福利性单位合法权益保护的内容既包括福利性单位的财产所有权不受非法侵犯,经营自主权不受非法干预;也包括这些单位依法享有减免税收的权利,享有某种信贷优惠的权利以及少数福利企业对某种产品享有专产权等。

(2)对残疾人平等就业权的保护。劳动是公民的基本权利,残疾人与健全人一样,享有法律赋予的平等就业和选择职业、取得劳动报酬或收入、休息休假、享受社会保险等基本权利,对残疾人进行直接或间接的歧视都是违法行为。

(3)提供适应残疾人特点的劳动条件和劳动保护。我国《劳动法》和《劳动合同法》都规定,用人单位提供劳动条件和劳动保护是劳动合同的必备条款。用人单位为劳动者提供相应的劳动保护是对劳动者基本利益的维护,同时也是用人单位的基本责任和义务。本条针对残疾人的生理特点,要求残疾职工所在单位应当为残疾职工提供适应其特点的劳动条件和劳动保护,并根据实际需要,对劳动场所、劳动设备和生活设施进行改造。"提供适当的劳动条件和劳动保护",主要是指用人单位在提供劳动条件和劳动保护时,对残疾职工要采取特别保护措施,并且针对残疾职工的生理特点,提供特殊的保护手段。比如,将残疾职工与健全职工搭配在一起安排上岗,残疾职工在工作中会得到健全职工的配合和帮助。残疾职工的劳动位置、工种和所使用的工具也应当适应残疾职工各自的残疾特点,以便其安全操作。

(4)保障盲人保健和医疗按摩人员从业的合法权益。盲人就业是各类残疾人就业的难点之一。在我国,大多数盲人从事按摩行业。本法将盲人保健和医疗按摩人员纳入保护范围,在法律层面上给予了保护。

关联法规

《劳动法》第54条;《残疾人就业条例》第12、13条

第三十九条 【对残疾职工的岗位技术培训】残疾职工所在单位应当对残疾职工进行岗位技术培训,提高其劳动技能和技术水平。

条文注释

企业根据本单位实际情况,有目的、有组织、按要求认真对本单位职工实施职业教育和职业培训,是国家所倡导的一项政策,是企业发展的需要,是企业的职责和义务,同时也是企业促进经济发展和提高效益的有效手段。

岗位技术培训是指按照职业或者工作岗位就业活动的需要对劳动者提出的要求,以开发和提高劳动者职业技能为目的的教育和专业培训,包括岗前培训和转岗培训。职工培训是指企业按照工作需要对职工进行的思想政治、职业道德、管理知识、技术业务、操作技能等方面的教育和训练活动。本条突出强调残疾职工所在单位应当对残疾职工进行岗位技术培训,其主要目的是使用人单位能够将岗位的特点和残疾职工的自身情况结合起来,开展更为有效、更具针对性的职业培训,以达到稳定残疾人就业的效果。残疾职工所在单位应积极创造条件,对残疾职工进行岗位技术培训,使他们掌握所在岗位的劳动技能,并逐步提高其劳动技能和技术水平,发挥他们的才智,为社会主义经济建设作出贡献。

关联法规

《劳动法》第68条;《残疾人就业条例》第14条

第四十条 【不得强迫残疾人劳动】任何单位和个人不得以暴力、威胁或者非法限制人身自由的手段强迫残疾人劳动。

条文注释

公民的人身权利是公民的基本权利之一,是公民参加社会活动和享受其他权利的先决条件。根据我国《宪法》和《民法典》的有关规定,公民的人身权利是指与公民个人的人身密切相关的权利,包括人身自由权、人格尊严权、生命健康权、肖像权、名誉权、荣誉权等。以暴力、威胁或者非法限制人身自由的手段强迫残疾人劳动的行为严重侵犯了公民的人身自由权和生命健康权。我国法律对采取暴力、威胁或非法限制人身自由的手段强迫劳动者劳动的行为有禁止性规定。残疾人由于生理或心理功能存在某些障碍,容易被一些不法分子利用。为了有力地打击利用残疾人的身心缺陷和不利地位、侵犯残疾人人身权利和其他合法权利的犯罪活动,本法特别强调了对强迫残疾人劳动的禁止性规定。

关联法规

《刑法》第244条

第五章 文化生活

第四十一条 【残疾人的文化生活权利】国家保障残疾人享有平等参与文化生活的权利。

各级人民政府和有关部门鼓励、帮助残疾人参加各种文化、体育、娱乐活动,积极创造条件,丰富残疾人精神文化生活。

条文注释

文化生活权利是指人人拥有平等享受文化资源的权利,这种权利不受性别、种族、身份、阶层等因素的影响。我国《宪法》第47条规定:"中华人民共和国公民有进行科学研究、文学艺术创作和其他文化活动的自由。国家对于从事教育、科学、技术、文学、艺术和其他文化事业的公民的有益于人民的创造性工作,给以鼓励和帮助。"

根据本法规定,保障残疾人享有平等参与文化生活的权利主要表现在以下几个方面:(1)政府和社会采取措施,丰富残疾人的精神文化生活;(2)政府和社会鼓励、帮助残疾人进行文学、艺术、教育、科学、技术和其他有益于人民的创造性劳动;(3)政府和社会促进残疾人与其他公民之间的相互理解和交流,宣传残疾人事业和扶助残疾人的事迹,弘扬残疾人自强不息的精神,倡导团结、友爱、互助的社会风尚。

关联法规

《公共文化服务保障法》第 9 条

第四十二条 【开展残疾人文体活动的原则】残疾人文化、体育、娱乐活动应当面向基层,融于社会公共文化生活,适应各类残疾人的不同特点和需要,使残疾人广泛参与。

条文注释

国家和社会开展残疾人文化、体育、娱乐活动,仅有良好的意愿是不够的,还要注意方式方法,遵循科学合理的指导原则。本条关于开展残疾人文体活动原则的规定主要包含以下三点:(1)残疾人文化、体育、娱乐活动应当面向基层;(2)残疾人文化、体育、娱乐活动应当融于社会公共文化生活;(3)残疾人文化、体育、娱乐活动应当适应各类残疾人的不同特点和需要,使残疾人广泛参与。

第四十三条 【丰富残疾人精神文化生活的措施】政府和社会采取下列措施,丰富残疾人的精神文化生活:

(一)通过广播、电影、电视、报刊、图书、网络等形式,及时宣传报道残疾人的工作、生活等情况,为残疾人服务;

(二)组织和扶持盲文读物、盲人有声读物及其他残疾人读物的编写和出版,根据盲人的实际需要,在公共图书馆设立盲文读物、盲人有声读物图书室;

(三)开办电视手语节目,开办残疾人专题广播栏目,推进电视栏目、影视作品加配字幕、解说;

(四)组织和扶持残疾人开展群众性文化、体育、娱乐活动,举办特殊艺术演出和残疾人体育运动会,参加国际性比赛和交流;

(五)文化、体育、娱乐和其他公共活动场所,为残疾人提供方便和照顾。有计划地兴办残疾人活动场所。

> 条文注释

《残疾人权利公约》号召会员国保障残疾人参与文化生活、娱乐、休闲和体育活动的权利。我国应当积极履行《残疾人权利公约》的相关义务，落实丰富残疾人精神文化生活的责任。本条对那些既切实可行又有可操作性的措施作出了规定，尽最大努力满足残疾人在精神文化生活方面的需求。例如，本条第3项规定了"开办电视手语节目，开办残疾人专题广播栏目，推进电视栏目、影视作品加配字幕、解说"，便于聋哑人实现顺畅的社会交流。

第四十四条 【鼓励、帮助残疾人从事创造性劳动】政府和社会鼓励、帮助残疾人从事文学、艺术、教育、科学、技术和其他有益于人民的创造性劳动。

> 条文注释

政府和社会要积极鼓励和帮助残疾人从事文学、艺术、教育、科学、技术和其他有益于人民的创造性劳动。一方面，要对优秀残疾人的事迹进行大力宣传，对他们的创造性劳动进行表彰和奖励，从而激励他们更好地施展和发挥聪明才智，如此一来既对社会做出了贡献，也能对社会公众和其他残疾人起到良好的教育和示范作用。另一方面，要积极组织适合残疾人参与的各项文化、科技、教育等活动，使广大残疾人通过参加这些活动，发现自身的潜力和实力，从而树立信心，进行创造性劳动，实现自己的人生价值。例如，举办特殊艺术演出和特殊体育运动会等活动，有助于残疾人展示自己的才华，增进社会对残疾人的了解，激励残疾人自尊、自重、自强、自立，促进残疾人平等地充分参与社会生活，提高残疾人自身的素质。此外，开展国际残疾人文化交流和体育比赛，有助于弘扬"和平、进步、友谊、人道"的精神，展示我国社会发展和人权保障的良好形象。由于残疾人自身存在困难，开展上述适合残疾人特点的文化体育活动，需要得到国家和社会的扶持与帮助。因此，鼓励和帮助残疾人开展文学、艺术、教育、科学、技术等方面的活动，为他们从事创造性的劳动创造机会和条件，既是政府和社会的责任所在，也是保障残疾人权益、发展残疾人事业的一项重要内容。

第四十五条 【倡导助残的社会风尚】政府和社会促进残疾人与其他公民之间的相互理解和交流,宣传残疾人事业和扶助残疾人的事迹,弘扬残疾人自强不息的精神,倡导团结、友爱、互助的社会风尚。

条文注释

残疾人要走出家门、融入社会,不仅需要一个信息交流的无障碍环境,也需要一个理解、尊重、关心、帮助残疾人的社会环境和氛围。政府和社会有责任创造一个和谐的社会环境,倡导团结、友爱、互助的社会风尚,从而保障残疾人的合法权益,促进残疾人事业的发展。政府和社会在创造和谐社会环境方面的责任主要体现在以下几点:一是促进残疾人与其他公民之间的理解与交流。这是改善残疾人参与社会生活的精神环境的重要内容。政府和社会要通过广播、电视、报刊、互联网等媒体以及其他各种形式,广泛宣传现代文明社会的残疾人观,同时通过开展各种活动,促进残疾人与其他公民之间的相互理解和交流,消除对残疾人的各种歧视和偏见。二是宣传残疾人事业和扶助残疾人的事迹。残疾人事业是为残疾人服务、解决残疾人问题、改善残疾人状况、促进残疾人"平等、参与、共享"的综合性社会事业。政府和社会要通过各种形式,积极宣传残疾人事业,促进残疾人事业的发展。三是弘扬残疾人自强不息的精神。政府和社会要通过各种宣传手段,大力弘扬残疾人身残志坚、自强不息的精神,为残疾人乃至社会公众树立楷模和榜样。同时,政府和社会要在广大残疾人中开展自立、自强活动,鼓励和帮助广大残疾人乐观进取、自强自立,积极参与社会生活,不断提高自身素质,从而更好地得到社会的理解和尊重。

第六章 社会保障

第四十六条 【残疾人的社会保障权】国家保障残疾人享有各项社会保障的权利。

政府和社会采取措施,完善对残疾人的社会保障,保障和改善残疾人的生活。

条文注释

我国对残疾人的社会保障措施主要包括社会保险、社会救助、社会福利、社区保障和特别扶助等。国家通过各种途径保障残疾人的社会保障权利。法律在明确规定残疾人的社会保障权利的同时,还应当有保障这些社会保障权利得以实现的条款。行政法规、部门规章和其他规范性文件应当制定相应的配套规定。政府和有关部门应当加强残疾人社会保障法律法规的实施。自《残疾人保障法》颁布以来,我国残疾人社会保障工作取得了很大的成绩,广大残疾人享受到了相应的社会保障。但是,我国残疾人社会保障的水平还不是很高,社会保障制度本身还有待发展和完善。随着经济社会的发展,国家有义务不断完善残疾人的各项社会保障制度。残疾人组织有义务为完善残疾人的各项社会保障制度发挥应有的作用。

关联法规

《残疾预防和残疾人康复条例》第4章

第四十七条 【残疾人参加社会保险】残疾人及其所在单位应当按照国家有关规定参加社会保险。

残疾人所在城乡基层群众性自治组织、残疾人家庭,应当鼓励、帮助残疾人参加社会保险。

对生活确有困难的残疾人,按照国家有关规定给予社会保险补贴。

条文注释

社会保险是社会保障制度的核心内容,分为养老保险、医疗保险、失业保险、工伤保险和生育保险五类。我国法律明确要求依法将残疾人纳入社会保障范围,确保城镇残疾职工参加社会保险,并按国家规定享受基本养老、医疗、失业、工伤等保险待遇。用人单位不得以效益差、成本高等理由,拒绝或者不足额给残疾劳动者缴纳社会保险。一些残疾劳动者由于身体原因,在获知有关社会保险的法律规定方面存在困难,在实际缴纳社会保险时也存在一些客观障碍,因此基层群众性自治组织和残疾人家庭应当鼓励、帮助残疾人参加社会保险,使残疾人正确理解社会保险制度,从而顺利地依法参加社会保险。鉴于残疾人可能存在经济困难的情况,我国十分重视对参加社会保险的残疾人的补助工作,如有些地方规定,符合一定条件的自谋职业的残疾人可以申请领取社会保险费补贴。

关联法规

《劳动法》第九章;《社会保险法》;《军人保险法》;《残疾预防和残疾人康复条例》第25条

第四十八条 【对残疾人的社会救助】各级人民政府对生活确有困难的残疾人,通过多种渠道给予生活、教育、住房和其他社会救助。

县级以上地方人民政府对享受最低生活保障待遇后生活仍有特别困难的残疾人家庭,应当采取其他措施保障其基本生活。

各级人民政府对贫困残疾人的基本医疗、康复服务、必要的辅助器具的配置和更换,应当按照规定给予救助。

对生活不能自理的残疾人,地方各级人民政府应当根据情况给予护理补贴。

条文注释

目前,社会救助主要有城市居民最低生活保障、农村"五保"供养等主要形式。除了农村"五保"供养之外,有些农村还实行最低生活保障制度。有的地方政府设立专项补助,对无业、重度残疾、一户多残和有特殊需求的贫困残疾人家庭给予特别扶助,解决这些家庭的生活、就业、住房、子女入学等困难。对于享受了最低生活保障待遇后生活仍然特别困难的残疾人家庭,县级以上地方人民政府应当采取其他积极措施保障其基本生活。城乡医疗救助制度要将贫困残疾人作为重点救助对象。各级人民政府要健全残疾人康复服务保障措施,制定和完善残疾人康复救助办法,对贫困残疾人的康复训练、辅助器具适配等基本康复需求给予补贴。对依靠家庭供养和护理的残疾人,地方各级人民政府应当根据情况给予护理补贴。

关联法规

《农业法》第83条;《城市居民最低生活保障条例》;《农村五保供养工作条例》;《残疾预防和残疾人康复条例》第26条

第四十九条 【对残疾人的供养、托养】地方各级人民政府对无劳动能力、无扶养人或者扶养人不具有扶养能力、无生活来源的残疾人,按照规定予以供养。

国家鼓励和扶持社会力量举办残疾人供养、托养机构。

残疾人供养、托养机构及其工作人员不得侮辱、虐待、遗弃残疾人。

条文注释

我国对"三无"人员(无劳动能力、无扶养人或者扶养人不具有扶养能力、无生活来源的社会弱势群体)实行政府出资供养的制度。"三无"人员中属于非农业户口的,一般由社会福利院或者民政部门供养、救济;属于农业户口的,县级和乡镇人民政府应按五保户的标准安排其基本生活。20世纪90年代后期,在国家举办社会福利难以满足社会需求的情况下,国家鼓励社会力量举办一些福利事业,以补充国家办福利事业的不足,缓解福利供需之间的突出矛盾。

第六章 社会保障

实践中出现了有的残疾人供养、托养机构工作人员侮辱、虐待、遗弃残疾人的情况，尽管该情况属于个别现象，但其社会影响极其恶劣，违背我国残疾人社会福利事业的宗旨，因此本条对其予以明确禁止。

第五十条 【对残疾人的社会扶助】县级以上人民政府对残疾人搭乘公共交通工具，应当根据实际情况给予便利和优惠。残疾人可以免费携带随身必备的辅助器具。

盲人持有效证件免费乘坐市内公共汽车、电车、地铁、渡船等公共交通工具。盲人读物邮件免费寄递。

国家鼓励和支持提供电信、广播电视服务的单位对盲人、听力残疾人、言语残疾人给予优惠。

各级人民政府应当逐步增加对残疾人的其他照顾和扶助。

条文注释

为了保障残疾人平等地参与社会生活，本条规定了一些特别的社会扶助措施。残疾人在搭乘公共交通工具时，可以优先购买车船票、飞机票。收费优惠主要是指票款的减免，各地县级人民政府应当根据当地经济发展情况，出台相应的规定。残疾人随身必备的辅助器具如下肢残疾人的轮椅、盲人的拐杖等，可以免费携带，有关单位不得收取任何费用。盲人持有效证件免费乘坐公共交通工具。一般来说，盲人图书的成本较高，而大多数盲人读者家庭生活较为困难，无力承担购买盲文图书的费用，因此本条规定盲人读物邮件免费寄递。考虑到残疾人的实际情况，国家鼓励和支持提供电信、广播电视服务的单位对盲人、听力残疾人、言语残疾人给予优惠。随着我国经济社会的发展，各级人民政府有义务逐步增加对残疾人的其他照顾和扶助。

关联法规

《城市公共交通条例》第24条第2款

第五十一条 【鼓励和发展残疾人慈善事业】政府有关部门和残疾人组织应当建立和完善社会各界为残疾人捐助和服务的渠道,鼓励和支持发展残疾人慈善事业,开展志愿者助残等公益活动。

条文注释

残疾人是一个特殊群体,要解决残疾人面临的问题,仅靠政府的力量是不够的,还需要全社会的理解、尊重、关心和帮助。因此,政府有关部门和残疾人组织有义务建立和完善社会各界为残疾人捐助和服务的渠道,鼓励和支持发展残疾人慈善事业,开展志愿者助残等公益活动,建立有效帮扶困难残疾人的机制,使社会帮助残疾人的渠道正常而顺畅,切实改善残疾人的生活状况。有些地方开始探索社会各界为残疾人捐助和服务的渠道,如区县残联扶残助残捐赠站等。残疾人慈善事业是扶助残疾人的重要途径,政府有关部门和残疾人组织应当鼓励、支持这一事业。开展志愿者助残活动,为残疾人提供经常的、切实有效的帮助,既能解决残疾人的实际困难,帮助他们平等参与社会生活,也有助于"奉献、友爱、互助、进步"的志愿者精神在全社会发扬光大。

关联法规

《公益事业捐赠法》第3、8条;《慈善法》第2条

第七章 无障碍环境

第五十二条 【为残疾人创造无障碍环境】国家和社会应当采取措施,逐步完善无障碍设施,推进信息交流无障碍,为残疾人平等参与社会生活创造无障碍环境。

各级人民政府应当对无障碍环境建设进行统筹规划,综合协调,加强监督管理。

第七章 无障碍环境

条文注释

无障碍环境,既是残疾人走出家门、参与社会生活的基本条件,也是方便老年人和社会全体成员的重要措施,还是完善公共服务和城市功能不可或缺的一个基本元素。无障碍环境包括物质环境无障碍和信息交流无障碍。物质环境无障碍的主要要求是:城市道路、公共建筑物和居住区的规划、设计、建设应该方便残疾人通行和使用;信息交流无障碍的主要要求是:公共服务、公共传媒应该使听力、言语和视力残疾者能够获得信息,进行交流。

无障碍环境的建设直接影响着我国的城市形象与国际形象。加强无障碍环境建设,既是物质文明和精神文明的集中体现,也是社会进步的重要标志,其对于培养全民的公共道德意识、推动精神文明建设、创建社会主义和谐社会等具有重要的社会意义。

关联法规

《无障碍环境建设法》第2条;《无障碍环境建设条例》

第五十三条 【无障碍设施的建设和改造】无障碍设施的建设和改造,应当符合残疾人的实际需要。

新建、改建和扩建建筑物、道路、交通设施等,应当符合国家有关无障碍设施工程建设标准。

各级人民政府和有关部门应当按照国家无障碍设施工程建设规定,逐步推进已建成设施的改造,优先推进与残疾人日常工作、生活密切相关的公共服务设施的改造。

对无障碍设施应当及时维修和保护。

条文注释

随着经济的发展和社会的进步,我国的无障碍设施建设取得了一定的成绩,尤其在大中城市比较突出。但总体来看,与发达国家和地区相比,我国的无障碍设施建设还存在较大差距。住房和城乡建设部2012年发布的《无障碍设计规范》详细地规定了无障碍设施的设计要求,并对城市道路、城市广场、城市绿地、居住区和居住建筑、公共建筑、历史文物保护建筑的无障碍建设与改造进行了规定。各级人民政府和有关部门应当按照国家无障碍设施工程建设规定，逐步推进已建成设施的改造，优先推进与残疾人日常工作、生活密切相关的公共服务设施的改造，并对无障碍设施进行及时维修和保护。

关联法规

《无障碍环境建设法》第2章

第五十四条 【为残疾人信息交流无障碍创造条件】 国家采取措施，为残疾人信息交流无障碍创造条件。

各级人民政府和有关部门应当采取措施，为残疾人获取公共信息提供便利。

国家和社会研制、开发适合残疾人使用的信息交流技术和产品。

国家举办的各类升学考试、职业资格考试和任职考试，有盲人参加的，应当为盲人提供盲文试卷、电子试卷或者由专门的工作人员予以协助。

条文注释

信息通信技术在促进经济和社会发展的同时，也在一定程度上体现了人与人之间信息享有和信息使用能力的差距。残疾人作为社会弱势群体，面临着被信息社会"边缘化"的危险，这一问题应该引起政府部门和社会各界的关注。

近年来，我国在物质环境无障碍方面取得了重大进展，但在信息交流无障碍方面与发达国家相比差距较大。信息交流无障碍是指利用先进的信息技术手段，让残疾人可以与正常人一样无障碍地获取信息资源，为残疾人创建一个平等、参与、共享的和谐社会。信息交流无障碍建设是残疾人事业发展的重要组成部分。发展信息交流无障碍事业，将为广大残疾人群体无障碍获得信息、利用信息平等参与社会生活提供良好的基础条件和社会条件，可以使广大残疾人的合法权益得到更好的实现。

第七章 无障碍环境

关联法规

《无障碍环境建设法》第三章

> **第五十五条 【为残疾人提供无障碍服务】**公共服务机构和公共场所应当创造条件,为残疾人提供语音和文字提示、手语、盲文等信息交流服务,并提供优先服务和辅助性服务。
>
> 公共交通工具应当逐步达到无障碍设施的要求。有条件的公共停车场应当为残疾人设置专用停车位。

条文注释

视觉、听觉有障碍的人需要盲文、手语等特殊的交流手段,这是他们了解社会、参与社会生活的不可或缺的工具。实现障碍者与非障碍者之间的无障碍沟通既需要双方的努力,也需要政府和社会的关注。公共服务机构和公共场所通过完善无障碍设施,提供特殊的信息交流服务,逐步实现障碍者和无障碍者之间的无障碍沟通。视觉、听觉有障碍的人常用的特殊信息交流方式主要有语音和文字提示、手语、盲文等。公共服务机构和公共场所对残疾人提供的优先服务和辅助性服务,体现在劳动就业、文化生活、社会保障等各个方面。

公共交通工具是残疾人重要的出行工具,给残疾人出行带来了极大的便利。为残疾人提供无障碍服务的公共交通工具中的无障碍设施主要包括:运行信息标示设施、入站播报设施、声音导引设施、升降设备、站名播报或显示设施、上下阶梯、轮椅停靠、固定设施、残疾人专用座位、扶手及防滑地板等。公共交通工具应当逐步达到无障碍设施的要求,为残疾人提供无障碍服务。

关联法规

《无障碍环境建设法》第四章;《道路交通安全法》第34条

> **第五十六条 【为残疾人选举提供便利】**组织选举的部门应当为残疾人参加选举提供便利;有条件的,应当为盲人提供盲文选票。

【条文注释】

选举权是公民的基本政治权利。在我国,公民的选举权是平等的。根据我国《宪法》和《选举法》的规定,除了依法被剥夺政治权利的人外,只要是年满18周岁的中华人民共和国公民,不分民族、种族、性别、职业、家庭出身、宗教信仰、教育程度、财产状况和居住期限,都具有选举权。

残疾人享有选举权,既要有法律保障,还要有物质保障。由于身体状况的特殊性,残疾人在行使选举权利的过程中难免会遇到各种阻碍,如难以进入投票点、选票难以辨认等。各级选举委员会应当努力维护残疾人在选举过程中的政治权利,积极推动选举工作和选举场所的无障碍设施建设,积极推进选票的无障碍化,对有需求的残疾人提供盲文选票和各种形式的扶助,使残疾人能够自主参加选举活动。

【关联法规】

《宪法》第34条;《选举法》第4条;《无障碍环境建设法》第48条

第五十七条 【无障碍辅助设备、交通工具的研发】国家鼓励和扶持无障碍辅助设备、无障碍交通工具的研制和开发。

【条文注释】

为残疾人创造无障碍环境,离不开各种无障碍辅助设备和无障碍交通工具。

国家质量监督检验检疫总局、国家标准化管理委员会于2004年6月11日发布《残疾人辅助器具 分类和术语》,将残疾人辅助器具分为十一类:(1)用于个人医疗的辅助器具;(2)技能训练辅助器具;(3)矫形器和假肢;(4)个人生活自理和防护辅助器具;(5)个人移动辅助器具;(6)家务辅助器具;(7)家庭和其他场所使用的家具及其适配件;(8)通讯、信息和讯号辅助器具;(9)产品和物品管理辅助器具;(10)用于环境改善的辅助器具和设备,工具和机器;(11)休闲娱乐辅助器具。

无障碍交通工具是残疾人尤其是肢体残疾人正常参与社会生活的重要代步工具,生活中常用的是残疾人专用机动车。残疾人专用机动车是专供下肢残疾的人单人乘用的代步工具。

关联法规

《无障碍环境建设法》第 54 条

第五十八条 【导盲犬出入公共场所规定】盲人携带导盲犬出入公共场所,应当遵守国家有关规定。

条文注释

导盲犬是盲人出行及参与社会生活的重要工具,属于工作犬,它能帮助盲人独立自主地融入社会。但是,出于公共安全及卫生的考虑,犬类出入公共场所受到一定的限制。为了使盲人使用导盲犬的权利与其他公众的安全、卫生等合法权益得到平衡,本法明确规定,盲人携带导盲犬出入公共场所,应当遵守国家有关规定。

关联法规

《无障碍环境建设法》第 46 条

第八章 法 律 责 任

第五十九条 【残疾人组织的维权职责】残疾人的合法权益受到侵害的,可以向残疾人组织投诉,残疾人组织应当维护残疾人的合法权益,有权要求有关部门或者单位查处。有关部门或者单位应当依法查处,并予以答复。

残疾人组织对残疾人通过诉讼维护其合法权益需要帮助的,应当给予支持。

残疾人组织对侵害特定残疾人群体利益的行为,有权要求有关部门依法查处。

条文注释

残疾人的合法权益受到侵害的,可以向残疾人组织投诉。这里的"残疾人组织"是指中国残疾人联合会及其地方组织和其他残疾人民间组织。对受害残疾人的投诉,残疾人联合会等残疾人组织要积极向政府有关部门、单位反映,要求有关部门或者单位查处。对于残疾人组织所反映的情况和予以查处的要求,有关部门或者单位应当认真对待,并依法予以调查处理,绝不能推诿、拖延、压制不予查处。

对于残疾人通过诉讼维护其合法权益需要帮助的,残疾人组织应当通过各种方式给予支持。对侵害特定残疾人群体利益的行为,残疾人联合会等残疾人组织有权要求有关部门依法查处。"侵害特定残疾人群体利益的行为",是指贬低、损害残疾人群体的人格尊严的行为,如宣传媒体、广告和文艺作品中出现有损残疾人人格和群体利益的作品等。对于发生的此类违法行为,残疾人组织可以通过大众传播媒介揭露、批评,并有权要求有关部门依法查处。

第六十条 【残疾人权益受侵害的救济渠道】残疾人的合法权益受到侵害的,有权要求有关部门依法处理,或者依法向仲裁机构申请仲裁,或者依法向人民法院提起诉讼。

对有经济困难或者其他原因确需法律援助或者司法救助的残疾人,当地法律援助机构或者人民法院应当给予帮助,依法为其提供法律援助或者司法救助。

条文注释

"残疾人的合法权益受到侵害的,有权要求有关部门依法处理",是指残疾人的合法权益受到侵害的,有权要求与侵权事件有关的主管部门依法处理。例如,对于侵害残疾人受教育权益的,受害残疾人可以向教育部门投诉,要求处理;对于侵害残疾人劳动和社会保障权益的,受害残疾人可以要求人力资源和社会保障部门予以处理;等等。

"依法向仲裁机构申请仲裁",是指残疾人可以就侵犯自身权益的违法行为,依据《仲裁法》《劳动争议调解仲裁法》《农村土地承包经营纠纷调解仲裁法》等法律申请仲裁。

"依法向人民法院提起诉讼",是指受害残疾人依据侵害行为的性质,直接向人民法院提起民事诉讼、行政诉讼或者刑事自诉。如对于侵害残疾人人身权、财产权、婚姻家庭权益的违法行为,受害残疾人可以依法提起民事诉讼;对于行政机关侵害残疾人权益的行为,包括直接侵权的违法行为和间接以不作为的方式侵权的违法行为,受害残疾人可以依法提起行政诉讼;对于遗弃、家庭暴力、虐待残疾人等违法行为,情节严重构成犯罪的,受害残疾人可以向人民法院提起刑事自诉,请求人民法院追究有关人员的刑事责任。

对有经济困难或者其他原因确需法律援助或者司法救助的残疾人,当地法律援助机构或者人民法院应当给予帮助,依据《法律援助法》《法律援助条例》《关于对经济确有困难的当事人提供司法救助的规定》等相关规定为其提供法律援助或者司法救助。应当指出的是,本法规定的对残疾人提供法律援助或者司法救助,应依照国家相关法律、法规、司法解释及其他规定进行,并且在国家现行的法律援助和司法救助制度的范围内进行,而不是脱离现行的这些制度,另搞一套针对残疾人的制度。

第六十一条 【国家工作人员的法律责任】违反本法规定,对侵害残疾人权益行为的申诉、控告、检举,推诿、拖延、压制不予查处,或者对提出申诉、控告、检举的人进行打击报复的,由其所在单位、主管部门或者上级机关责令改正,并依法对直接负责的主管人员和其他直接责任人员给予处分。

国家工作人员未依法履行职责,对侵害残疾人权益的行为未及时制止或者未给予受害残疾人必要帮助,造成严重后果的,由其所在单位或者上级机关依法对直接负责的主管人员和其他直接责任人员给予处分。

条文注释

对侵害残疾人权益行为的申诉、控告、检举,任何机关、组织、企业事业单位都要认真对待,依法予以查处,绝不能推诿、拖延、压制不予查处,更不能对提出申诉、控告、检举的人进行打击报复。对于发生本条第1款规定的违法行为,由违法行为人所在单位、主管部门或者上级机关责令改正,并依法对直接负责的主管人员和其他直接责任人员给予处分;情节严重、构成犯罪的,要依法追究相关人员的刑事责任。

国家机关及其工作人员依法承担维护残疾人权益的职责,对侵害残疾人权益的行为应当及时制止,并且对受害残疾人给予必要的帮助。如果国家机关及其工作人员未依法履行职责,造成严重后果的,由其所在单位或者上级机关依法对直接负责的主管人员和其他直接责任人员给予处分;情节严重、构成犯罪的,还要依法追究相关人员的刑事责任。

关联法规

《公务员法》第59条;《公职人员政务处分法》第32、62条;《刑法》第254、397条

第六十二条 【通过大众传播媒介贬低损害残疾人人格的法律责任】 违反本法规定,通过大众传播媒介或者其他方式贬低损害残疾人人格的,由文化、广播电视、电影、新闻出版或者其他有关主管部门依据各自的职权责令改正,并依法给予行政处罚。

条文注释

"通过大众传播媒介或者其他方式贬低损害残疾人人格",主要是指通过广告、报纸、期刊、图书、音像制品、电子出版物、网络等大众传播媒介,对残疾人的人格尊严进行贬低损害,如制作的电视广告画面中或广告解说词中包含贬低损害残疾人人格尊严的内容,即构成通过大众传播媒介贬低损害残疾人人格的违法行为。对于发生

的此类违法行为,残疾人联合会可以通过大众传播媒介进行揭露、批评,并有权要求有关部门依法查处。

对于通过大众传播媒介或者其他方式贬低损害残疾人人格的违法行为,由文化、广播电视、电影、新闻出版或者其他有关主管部门依据各自的职权责令改正,并依法给予行政处罚。这里的"依法给予行政处罚"中的"法"是一个广义的概念,既包括国家的法律,也包括行政法规、地方性法规及规章,它们都可以作为执法部门处罚的依据。文化、广播电视、电影、新闻出版或者其他有关主管部门要依据各自的职权范围,对通过大众传播媒介或者其他方式贬低损害残疾人人格的违法行为,依法给予行政处罚。

关联法规

《行政处罚法》

> **第六十三条** 【有关教育机构的法律责任】违反本法规定,有关教育机构拒不接收残疾学生入学,或者在国家规定的录取要求以外附加条件限制残疾学生就学的,由有关主管部门责令改正,并依法对直接负责的主管人员和其他直接责任人员给予处分。

条文注释

"有关教育机构"是指各级各类学校,既包括实施学前教育阶段的幼儿园、实施义务教育阶段的学校,也包括普通高级中等学校、中等职业学校和高等学校等实施非义务教育阶段的学校;既包括普通学校,也包括专门对残疾学生实施教育的特殊学校。这里的"残疾学生",既包括学前教育阶段的残疾幼儿、义务教育阶段的残疾儿童和残疾少年,也包括非义务教育阶段的残疾学生等。

对于有关教育机构拒不接收残疾学生入学,或者在国家规定的录取要求以外附加条件限制残疾学生就学的违法行为,本条规定的法律责任为:由有关主管部门责令改正,并依法对直接负责的主管人员和其他直接责任人员给予处分。这里的"有关主管部门"主要指教育行政部门。

> 关联法规

《义务教育法》第57条;《残疾人教育条例》第57条

第六十四条 【歧视残疾人劳动者的法律责任】违反本法规定,在职工的招用等方面歧视残疾人的,由有关主管部门责令改正;残疾人劳动者可以依法向人民法院提起诉讼。

> 条文注释

在国家法律保护和优惠政策的扶持下,我国残疾人劳动就业状况得到了很大改善。但是我们必须看到,残疾人就业形势仍然非常严峻。一些单位在职工的招用等方面存在歧视残疾人的现象,这一现象的存在,损害了残疾人的就业权利,违反了公平就业的原则,使残疾人在本来已经处于社会弱势的情况下陷入更大的困境。为了促进公平就业,保护残疾人劳动者的平等就业权,本法明确规定了"禁止基于残疾的歧视"、"国家保障残疾人劳动的权利"以及"在职工的招用、转正、晋级、职称评定、劳动报酬、生活福利、休息休假、社会保险等方面,不得歧视残疾人"。对于违反本法规定,在职工的招用等方面歧视残疾人的,由有关主管部门责令改正。受到歧视的残疾人劳动者还可以依法向人民法院提起诉讼,依法追究用人单位的民事法律责任。如果法院依法判决用人单位在职工的招用等方面确实对残疾人劳动者有歧视行为,则该用人单位需要承担民事赔偿责任。

> 关联法规

《就业促进法》第62条;《残疾人就业条例》第4、13条

第六十五条 【供养、托养机构及其工作人员的法律责任】违反本法规定,供养、托养机构及其工作人员侮辱、虐待、遗弃残疾人的,对直接负责的主管人员和其他直接责任人员依法给予处分;构成违反治安管理行为的,依法给予行政处罚。

> 条文注释

对无劳动能力、无扶养人或者扶养人不具有扶养能力、无生活来源的残疾人予以供养、托养是对残疾人实施社会救助的一项重要

措施。供养、托养机构及其工作人员应当依法履行好自己的工作职责，关心、爱护残疾人，不得侮辱、虐待、遗弃残疾人，否则要依法承担相应的法律责任。这里的"法律责任"，不仅包括本条中所规定的处分和行政处罚，还包括追究行为人的刑事责任。

1. 行政处罚

（1）侮辱残疾人。如果供养、托养机构及其工作人员公然侮辱残疾人，或者多次发送侮辱信息干扰残疾人正常生活，应当由公安机关依据《治安管理处罚法》的相关规定进行处罚。

（2）虐待残疾人。如果供养、托养机构及其工作人员对供养、托养的残疾人实施殴打、伤害等虐待行为，应当依据由公安机关《治安管理处罚法》的相关规定进行处罚。

（3）遗弃残疾人。供养、托养机构及其工作人员遗弃残疾人的，应当由公安机关依据《治安管理处罚法》的相关规定进行处罚。

2. 刑事责任

供养、托养机构及其工作人员侮辱、虐待、遗弃残疾人，情节严重构成犯罪的，应当依据《刑法》有关侮辱罪、虐待罪、故意伤害罪、遗弃罪的规定追究行为人的刑事责任。

关联法规

《刑法》第 246、260 条之一、261 条

> **第六十六条 【违反无障碍设施管理规定的法律责任】**违反本法规定，新建、改建和扩建建筑物、道路、交通设施，不符合国家有关无障碍设施工程建设标准，或者对无障碍设施未进行及时维修和保护造成后果的，由有关主管部门依法处理。

条文注释

本条是关于新建、改建和扩建建筑物、道路、交通设施，不符合国家有关无障碍设施工程建设标准，或者对无障碍设施未进行及时维修和保护造成后果的违法行为所应承担的法律责任的规定。对于新建、改建和扩建建筑物、道路、交通设施，不符合国家有关无障碍设施工程建设标准，或者对无障碍设施未进行及时维修和保护造成后

果的,由有关主管部门依法处理。这里的"有关主管部门",主要是指建设、市政等行政部门。建设、市政等行政部门依据《建筑法》《建设工程质量管理条例》《城市道路管理条例》等有关法律、法规的规定,对违反无障碍设施管理规定的行为进行处罚。

关联法规

《无障碍环境建设法》第12、21、23条;《无障碍环境建设条例》第9、10、31条

第六十七条 【综合性法律责任】违反本法规定,侵害残疾人的合法权益,其他法律、法规规定行政处罚的,从其规定;造成财产损失或者其他损害的,依法承担民事责任;构成犯罪的,依法追究刑事责任。

条文注释

对于违反本法规定的行为,本法没有全部规定具体的法律责任,而是与其他法律、法规相衔接,其他法律、法规规定了法律责任的,依照其他法律、法规的规定。作为保障残疾人各方面合法权益的一部综合性法律,本法不可避免地与其他相关法律如《义务教育法》《劳动法》《治安管理处罚法》等存在交叉,如何处理与这些法律之间的关系是本法面临的一个重要问题。一方面,要注意与这些相关法律的衔接,一些必要的、重复性的规定在本法中一定要有,否则难以保证本法相关体系的完整性;另一方面,本法在"法律责任"一章中设计了本条这个综合性的规定,其他法律、法规已经规定了法律责任的,本法即从其规定,这样既避免了一些不必要的重复,也保证了与其他法律、法规的有效衔接。

第九章 附 则

第六十八条 【施行日期】本法自2008年7月1日起施行。

附录一　法律法规

中华人民共和国就业促进法(节录)

(2007年8月30日第十届全国人民代表大会常务委员会第二十九次会议通过　根据2015年4月24日第十二届全国人民代表大会常务委员会第十四次会议《关于修改〈中华人民共和国电力法〉等六部法律的决定》修正)

第十七条　国家鼓励企业增加就业岗位,扶持失业人员和残疾人就业,对下列企业、人员依法给予税收优惠:
(一)吸纳符合国家规定条件的失业人员达到规定要求的企业;
(二)失业人员创办的中小企业;
(三)安置残疾人员达到规定比例或者集中使用残疾人的企业;
(四)从事个体经营的符合国家规定条件的失业人员;
(五)从事个体经营的残疾人;
(六)国务院规定给予税收优惠的其他企业、人员。

第十八条　对本法第十七条第四项、第五项规定的人员,有关部门应当在经营场地等方面给予照顾,免除行政事业性收费。

第二十九条　国家保障残疾人的劳动权利。
各级人民政府应当对残疾人就业统筹规划,为残疾人创造就业条件。
用人单位招用人员,不得歧视残疾人。

中华人民共和国社会保险法(节录)

（2010年10月28日第十一届全国人民代表大会常务委员会第十七次会议通过　根据2018年12月29日第十三届全国人民代表大会常务委员会第七次会议《关于修改〈中华人民共和国社会保险法〉的决定》修正）

第十七条　参加基本养老保险的个人，因病或者非因工死亡的，其遗属可以领取丧葬补助金和抚恤金；在未达到法定退休年龄时因病或者非因工致残完全丧失劳动能力的，可以领取病残津贴。所需资金从基本养老保险基金中支付。

第二十五条　国家建立和完善城镇居民基本医疗保险制度。

城镇居民基本医疗保险实行个人缴费和政府补贴相结合。

享受最低生活保障的人、丧失劳动能力的残疾人、低收入家庭六十周岁以上的老年人和未成年人等所需个人缴费部分，由政府给予补贴。

第三十六条　职工因工作原因受到事故伤害或者患职业病，且经工伤认定的，享受工伤保险待遇；其中，经劳动能力鉴定丧失劳动能力的，享受伤残待遇。

工伤认定和劳动能力鉴定应当简捷、方便。

第三十八条　因工伤发生的下列费用，按照国家规定从工伤保险基金中支付：

（一）治疗工伤的医疗费用和康复费用；

（二）住院伙食补助费；

（三）到统筹地区以外就医的交通食宿费；

（四）安装配置伤残辅助器具所需费用；

（五）生活不能自理的，经劳动能力鉴定委员会确认的生活护理费；

（六）一次性伤残补助金和一至四级伤残职工按月领取的伤残津贴；

（七）终止或者解除劳动合同时，应当享受的一次性医疗补助金；

（八）因工死亡的，其遗属领取的丧葬补助金、供养亲属抚恤金和因工死亡补助金；

（九）劳动能力鉴定费。

第三十九条 因工伤发生的下列费用，按照国家规定由用人单位支付：

（一）治疗工伤期间的工资福利；

（二）五级、六级伤残职工按月领取的伤残津贴；

（三）终止或者解除劳动合同时，应当享受的一次性伤残就业补助金。

中华人民共和国劳动法（节录）

（1994年7月5日第八届全国人民代表大会常务委员会第八次会议通过　根据2009年8月27日第十一届全国人民代表大会常务委员会第十次会议《关于修改部分法律的决定》第一次修正　根据2018年12月29日第十三届全国人民代表大会常务委员会第七次会议《关于修改〈中华人民共和国劳动法〉等七部法律的决定》第二次修正）

第十四条 残疾人、少数民族人员、退出现役的军人的就业，法律、法规有特别规定的，从其规定。

第二十九条 劳动者有下列情形之一的，用人单位不得依据本法第二十六条、第二十七条的规定解除劳动合同：

（一）患职业病或者因工负伤并被确认丧失或者部分丧失劳动能力的；

（二）患病或者负伤，在规定的医疗期内的；

（三）女职工在孕期、产期、哺乳期内的；

（四）法律、行政法规规定的其他情形。

第七十条 国家发展社会保险事业，建立社会保险制度，设立社会保险基金，使劳动者在年老、患病、工伤、失业、生育等情况下获得帮助和补偿。

第七十三条 劳动者在下列情形下，依法享受社会保险待遇：

（一）退休；

（二）患病、负伤；

（三）因工伤残或者患职业病；

（四）失业；

（五）生育。

劳动者死亡后，其遗属依法享受遗属津贴。

劳动者享受社会保险待遇的条件和标准由法律、法规规定。

劳动者享受的社会保险金必须按时足额支付。

中华人民共和国民法典（节录）

（2020年5月28日第十三届全国人民代表大会第三次会议通过 中华人民共和国主席令第四十五号公布 自2021年1月1日起施行）

第二十一条 不能辨认自己行为的成年人为无民事行为能力人，由其法定代理人代理实施民事法律行为。

八周岁以上的未成年人不能辨认自己行为的，适用前款规定。

第二十二条 不能完全辨认自己行为的成年人为限制民事行为能力人，实施民事法律行为由其法定代理人代理或者经其法定代理人同意、追认；但是，可以独立实施纯获利益的民事法律行为或者与其智力、精神健康状况相适应的民事法律行为。

第二十四条 不能辨认或者不能完全辨认自己行为的成年人,其利害关系人或者有关组织,可以向人民法院申请认定该成年人为无民事行为能力人或者限制民事行为能力人。

被人民法院认定为无民事行为能力人或者限制民事行为能力人的,经本人、利害关系人或者有关组织申请,人民法院可以根据其智力、精神健康恢复的状况,认定该成年人恢复为限制民事行为能力人或者完全民事行为能力人。

本条规定的有关组织包括:居民委员会、村民委员会、学校、医疗机构、妇女联合会、残疾人联合会、依法设立的老年人组织、民政部门等。

第三十五条 监护人应当按照最有利于被监护人的原则履行监护职责。监护人除为维护被监护人利益外,不得处分被监护人的财产。

未成年人的监护人履行监护职责,在作出与被监护人利益有关的决定时,应当根据被监护人的年龄和智力状况,尊重被监护人的真实意愿。

成年人的监护人履行监护职责,应当最大程度地尊重被监护人的真实意愿,保障并协助被监护人实施与其智力、精神健康状况相适应的民事法律行为。对被监护人有能力独立处理的事务,监护人不得干涉。

第三十六条 监护人有下列情形之一的,人民法院根据有关个人或者组织的申请,撤销其监护人资格,安排必要的临时监护措施,并按照最有利于被监护人的原则依法指定监护人:

(一)实施严重损害被监护人身心健康的行为;

(二)怠于履行监护职责,或者无法履行监护职责且拒绝将监护职责部分或者全部委托给他人,导致被监护人处于危困状态;

(三)实施严重侵害被监护人合法权益的其他行为。

本条规定的有关个人、组织包括:其他依法具有监护资格的人,居民委员会、村民委员会、学校、医疗机构、妇女联合会、残疾人联合会、未成年人保护组织、依法设立的老年人组织、民政部门等。

前款规定的个人和民政部门以外的组织未及时向人民法院申请撤销监护人资格的,民政部门应当向人民法院申请。

第一百二十八条 法律对未成年人、老年人、残疾人、妇女、消费者等的民事权利保护有特别规定的,依照其规定。

第一百四十五条 限制民事行为能力人实施的纯获利益的民事法律行为或者与其年龄、智力、精神健康状况相适应的民事法律行为有效；实施的其他民事法律行为经法定代理人同意或者追认后有效。

相对人可以催告法定代理人自收到通知之日起三十日内予以追认。法定代理人未作表示的，视为拒绝追认。民事法律行为被追认前，善意相对人有撤销的权利。撤销应当以通知的方式作出。

第一千零四十一条 婚姻家庭受国家保护。

实行婚姻自由、一夫一妻、男女平等的婚姻制度。

保护妇女、未成年人、老年人、残疾人的合法权益。

第一千一百条 无子女的收养人可以收养两名子女；有子女的收养人只能收养一名子女。

收养孤儿、残疾未成年人或者儿童福利机构抚养的查找不到生父母的未成年人，可以不受前款和本法第一千零九十八条第一项规定的限制。

第一千一百七十九条 侵害他人造成人身损害的，应当赔偿医疗费、护理费、交通费、营养费、住院伙食补助费等为治疗和康复支出的合理费用，以及因误工减少的收入。造成残疾的，还应当赔偿辅助器具费和残疾赔偿金；造成死亡的，还应当赔偿丧葬费和死亡赔偿金。

中华人民共和国无障碍环境建设法

(2023年6月28日第十四届全国人民代表大会常务委员会第三次会议通过　2023年6月28日中华人民共和国主席令第六号公布　自2023年9月1日起施行)

第一章　总　　则

第一条 为了加强无障碍环境建设，保障残疾人、老年人平等、充分、便捷地参与和融入社会生活，促进社会全体人员共享经济社会发展成果，弘扬社会主义核心价值观，根据宪法和有关法律，制定本法。

第二条 国家采取措施推进无障碍环境建设，为残疾人、老年人自主安全地通行道路、出入建筑物以及使用其附属设施、搭乘公共交通运输工具，获取、使用和交流信息，获得社会服务等提供便利。

残疾人、老年人之外的其他人有无障碍需求的，可以享受无障碍环境便利。

第三条 无障碍环境建设应当坚持中国共产党的领导，发挥政府主导作用，调动市场主体积极性，引导社会组织和公众广泛参与，推动全社会共建共治共享。

第四条 无障碍环境建设应当与适老化改造相结合，遵循安全便利、实用易行、广泛受益的原则。

第五条 无障碍环境建设应当与经济社会发展水平相适应，统筹城镇和农村发展，逐步缩小城乡无障碍环境建设的差距。

第六条 县级以上人民政府应当将无障碍环境建设纳入国民经济和社会发展规划，将所需经费纳入本级预算，建立稳定的经费保障机制。

第七条 县级以上人民政府应当统筹协调和督促指导有关部门在各自职责范围内做好无障碍环境建设工作。

县级以上人民政府住房和城乡建设、民政、工业和信息化、交通运输、自然资源、文化和旅游、教育、卫生健康等部门应当在各自职责范围内，开展无障碍环境建设工作。

乡镇人民政府、街道办事处应当协助有关部门做好无障碍环境建设工作。

第八条 残疾人联合会、老龄协会等组织依照法律、法规以及各自章程，协助各级人民政府及其有关部门做好无障碍环境建设工作。

第九条 制定或者修改涉及无障碍环境建设的法律、法规、规章、规划和其他规范性文件，应当征求残疾人、老年人代表以及残疾人联合会、老龄协会等组织的意见。

第十条 国家鼓励和支持企业事业单位、社会组织、个人等社会力量，通过捐赠、志愿服务等方式参与无障碍环境建设。

国家支持开展无障碍环境建设工作的国际交流与合作。

第十一条 对在无障碍环境建设工作中做出显著成绩的单位和个人，按照国家有关规定给予表彰和奖励。

第二章 无障碍设施建设

第十二条 新建、改建、扩建的居住建筑、居住区、公共建筑、公共场所、交通运输设施、城乡道路等，应当符合无障碍设施工程建设标准。

无障碍设施应当与主体工程同步规划、同步设计、同步施工、同步验收、同步交付使用，并与周边的无障碍设施有效衔接、实现贯通。

无障碍设施应当设置符合标准的无障碍标识，并纳入周边环境或者建筑物内部的引导标识系统。

第十三条 国家鼓励工程建设、设计、施工等单位采用先进的理念和技术，建设人性化、系统化、智能化并与周边环境相协调的无障碍设施。

第十四条 工程建设单位应当将无障碍设施建设经费纳入工程建设项目概预算。

工程建设单位不得明示或者暗示设计、施工单位违反无障碍设施工程建设标准；不得擅自将未经验收或者验收不合格的无障碍设施交付使用。

第十五条 工程设计单位应当按照无障碍设施工程建设标准进行设计。

依法需要进行施工图设计文件审查的，施工图审查机构应当按照法律、法规和无障碍设施工程建设标准，对无障碍设施设计内容进行审查；不符合有关规定的，不予审查通过。

第十六条 工程施工、监理单位应当按照施工图设计文件以及相关标准进行无障碍设施施工和监理。

住房和城乡建设等主管部门对未按照法律、法规和无障碍设施工程建设标准开展无障碍设施验收或者验收不合格的，不予办理竣工验收备案手续。

第十七条 国家鼓励工程建设单位在新建、改建、扩建建设项目的规划、设计和竣工验收等环节，邀请残疾人、老年人代表以及残疾人联合会、老龄协会等组织，参加意见征询和体验试用等活动。

第十八条　对既有的不符合无障碍设施工程建设标准的居住建筑、居住区、公共建筑、公共场所、交通运输设施、城乡道路等，县级以上人民政府应当根据实际情况，制定有针对性的无障碍设施改造计划并组织实施。

无障碍设施改造由所有权人或者管理人负责。所有权人、管理人和使用人之间约定改造责任的，由约定的责任人负责。

不具备无障碍设施改造条件的，责任人应当采取必要的替代性措施。

第十九条　县级以上人民政府应当支持、指导家庭无障碍设施改造。对符合条件的残疾人、老年人家庭应当给予适当补贴。

居民委员会、村民委员会、居住区管理服务单位以及业主委员会应当支持并配合家庭无障碍设施改造。

第二十条　残疾人集中就业单位应当按照有关标准和要求，建设和改造无障碍设施。

国家鼓励和支持用人单位开展就业场所无障碍设施建设和改造，为残疾人职工提供必要的劳动条件和便利。

第二十一条　新建、改建、扩建公共建筑、公共场所、交通运输设施以及居住区的公共服务设施，应当按照无障碍设施工程建设标准，配套建设无障碍设施；既有的上述建筑、场所和设施不符合无障碍设施工程建设标准的，应当进行必要的改造。

第二十二条　国家支持城镇老旧小区既有多层住宅加装电梯或者其他无障碍设施，为残疾人、老年人提供便利。

县级以上人民政府及其有关部门应当采取措施、创造条件，并发挥社区基层组织作用，推动既有多层住宅加装电梯或者其他无障碍设施。

房屋所有权人应当弘扬中华民族与邻为善、守望相助等传统美德，加强沟通协商，依法配合既有多层住宅加装电梯或者其他无障碍设施。

第二十三条　新建、改建、扩建和具备改造条件的城市主干路、主要商业区和大型居住区的人行天桥和人行地下通道，应当按照无障碍设施工程建设标准，建设或者改造无障碍设施。

城市主干路、主要商业区等无障碍需求比较集中的区域的人行道，应当按照标准设置盲道；城市中心区、残疾人集中就业单位和集中就读学校周边的人行横道的交通信号设施，应当按照标准安装过街音响提示装置。

第二十四条 停车场应当按照无障碍设施工程建设标准，设置无障碍停车位，并设置显著标志标识。

无障碍停车位优先供肢体残疾人驾驶或者乘坐的机动车使用。优先使用无障碍停车位的，应当在显著位置放置残疾人车辆专用标志或者提供残疾人证。

在无障碍停车位充足的情况下，其他行动不便的残疾人、老年人、孕妇、婴幼儿等驾驶或者乘坐的机动车也可以使用。

第二十五条 新投入运营的民用航空器、客运列车、客运船舶、公共汽电车、城市轨道交通车辆等公共交通运输工具，应当确保一定比例符合无障碍标准。

既有公共交通运输工具具备改造条件的，应当进行无障碍改造，逐步符合无障碍标准的要求；不具备改造条件的，公共交通运输工具的运营单位应当采取必要的替代性措施。

县级以上地方人民政府根据当地情况，逐步建立城市无障碍公交导乘系统，规划配置适量的无障碍出租汽车。

第二十六条 无障碍设施所有权人或者管理人应当对无障碍设施履行以下维护和管理责任，保障无障碍设施功能正常和使用安全：

（一）对损坏的无障碍设施和标识进行维修或者替换；

（二）对需改造的无障碍设施进行改造；

（三）纠正占用无障碍设施的行为；

（四）进行其他必要的维护和保养。

所有权人、管理人和使用人之间有约定的，由约定的责任人负责维护和管理。

第二十七条 因特殊情况设置的临时无障碍设施，应当符合无障碍设施工程建设标准。

第二十八条 任何单位和个人不得擅自改变无障碍设施的用途或者非法占用、损坏无障碍设施。

因特殊情况临时占用无障碍设施的，应当公告并设置护栏、警示标志或者信号设施,同时采取必要的替代性措施。临时占用期满,应当及时恢复原状。

第三章 无障碍信息交流

第二十九条 各级人民政府及其有关部门应当为残疾人、老年人获取公共信息提供便利;发布涉及自然灾害、事故灾难、公共卫生事件、社会安全事件等突发事件信息时,条件具备的同步采取语音、大字、盲文、手语等无障碍信息交流方式。

第三十条 利用财政资金设立的电视台应当在播出电视节目时配备同步字幕,条件具备的每天至少播放一次配播手语的新闻节目,并逐步扩大配播手语的节目范围。

国家鼓励公开出版发行的影视类录像制品、网络视频节目加配字幕、手语或者口述音轨。

第三十一条 国家鼓励公开出版发行的图书、报刊配备有声、大字、盲文、电子等无障碍格式版本,方便残疾人、老年人阅读。

国家鼓励教材编写、出版单位根据不同教育阶段实际,编写、出版盲文版、低视力版教学用书,满足盲人和其他有视力障碍的学生的学习需求。

第三十二条 利用财政资金建立的互联网网站、服务平台、移动互联网应用程序,应当逐步符合无障碍网站设计标准和国家信息无障碍标准。

国家鼓励新闻资讯、社交通讯、生活购物、医疗健康、金融服务、学习教育、交通出行等领域的互联网网站、移动互联网应用程序,逐步符合无障碍网站设计标准和国家信息无障碍标准。

国家鼓励地图导航定位产品逐步完善无障碍设施的标识和无障碍出行路线导航功能。

第三十三条 音视频以及多媒体设备、移动智能终端设备、电信终端设备制造者提供的产品,应当逐步具备语音、大字等无障碍功能。

银行、医院、城市轨道交通车站、民用运输机场航站区、客运站、客运码头、大型景区等的自助公共服务终端设备,应当具备语音、大字、盲文等无障碍功能。

第三十四条 电信业务经营者提供基础电信服务时,应当为残疾人、老年人提供必要的语音、大字信息服务或者人工服务。

第三十五条 政务服务便民热线和报警求助、消防应急、交通事故、医疗急救等紧急呼叫系统,应当逐步具备语音、大字、盲文、一键呼叫等无障碍功能。

第三十六条 提供公共文化服务的图书馆、博物馆、文化馆、科技馆等应当考虑残疾人、老年人的特点,积极创造条件,提供适合其需要的文献信息、无障碍设施设备和服务等。

第三十七条 国务院有关部门应当完善药品标签、说明书的管理规范,要求药品生产经营者提供语音、大字、盲文、电子等无障碍格式版本的标签、说明书。

国家鼓励其他商品的生产经营者提供语音、大字、盲文、电子等无障碍格式版本的标签、说明书,方便残疾人、老年人识别和使用。

第三十八条 国家推广和使用国家通用手语、国家通用盲文。

基本公共服务使用手语、盲文以及各类学校开展手语、盲文教育教学时,应当采用国家通用手语、国家通用盲文。

第四章 无障碍社会服务

第三十九条 公共服务场所应当配备必要的无障碍设备和辅助器具,标注指引无障碍设施,为残疾人、老年人提供无障碍服务。

公共服务场所涉及医疗健康、社会保障、金融业务、生活缴费等服务事项的,应当保留现场指导、人工办理等传统服务方式。

第四十条 行政服务机构、社区服务机构以及供水、供电、供气、供热等公共服务机构,应当设置低位服务台或者无障碍服务窗口,配备电子信息显示屏、手写板、语音提示等设备,为残疾人、老年人提供无障碍服务。

第四十一条 司法机关、仲裁机构、法律援助机构应当依法为残疾人、老年人参加诉讼、仲裁活动和获得法律援助提供无障碍服务。

国家鼓励律师事务所、公证机构、司法鉴定机构、基层法律服务所等法律服务机构,结合所提供的服务内容提供无障碍服务。

第四十二条 交通运输设施和公共交通运输工具的运营单位应当根

据各类运输方式的服务特点，结合设施设备条件和所提供的服务内容，为残疾人、老年人设置无障碍服务窗口、专用等候区域、绿色通道和优先坐席，提供辅助器具、咨询引导、字幕报站、语音提示、预约定制等无障碍服务。

第四十三条　教育行政部门和教育机构应当加强教育场所的无障碍环境建设，为有残疾的师生、员工提供无障碍服务。

国家举办的教育考试、职业资格考试、技术技能考试、招录招聘考试以及各类学校组织的统一考试，应当为有残疾的考生提供便利服务。

第四十四条　医疗卫生机构应当结合所提供的服务内容，为残疾人、老年人就医提供便利。

与残疾人、老年人相关的服务机构应当配备无障碍设备，在生活照料、康复护理等方面提供无障碍服务。

第四十五条　国家鼓励文化、旅游、体育、金融、邮政、电信、交通、商业、餐饮、住宿、物业管理等服务场所结合所提供的服务内容，为残疾人、老年人提供辅助器具、咨询引导等无障碍服务。

国家鼓励邮政、快递企业为行动不便的残疾人、老年人提供上门收寄服务。

第四十六条　公共场所经营管理单位、交通运输设施和公共交通运输工具的运营单位应当为残疾人携带导盲犬、导听犬、辅助犬等服务犬提供便利。

残疾人携带服务犬出入公共场所、使用交通运输设施和公共交通运输工具的，应当遵守国家有关规定，为服务犬佩戴明显识别装备，并采取必要的防护措施。

第四十七条　应急避难场所的管理人在制定以及实施工作预案时，应当考虑残疾人、老年人的无障碍需求，视情况设置语音、大字、闪光等提示装置，完善无障碍服务功能。

第四十八条　组织选举的部门和单位应当采取措施，为残疾人、老年人选民参加投票提供便利和必要协助。

第四十九条　国家鼓励和支持无障碍信息服务平台建设，为残疾人、老年人提供远程实时无障碍信息服务。

第五章 保障措施

第五十条 国家开展无障碍环境理念的宣传教育，普及无障碍环境知识，传播无障碍环境文化，提升全社会的无障碍环境意识。

新闻媒体应当积极开展无障碍环境建设方面的公益宣传。

第五十一条 国家推广通用设计理念，建立健全国家标准、行业标准、地方标准，鼓励发展具有引领性的团体标准、企业标准，加强标准之间的衔接配合，构建无障碍环境建设标准体系。

地方结合本地实际制定的地方标准不得低于国家标准的相关技术要求。

第五十二条 制定或者修改涉及无障碍环境建设的标准，应当征求残疾人、老年人代表以及残疾人联合会、老龄协会等组织的意见。残疾人联合会、老龄协会等组织可以依法提出制定或者修改无障碍环境建设标准的建议。

第五十三条 国家建立健全无障碍设计、设施、产品、服务的认证和无障碍信息的评测制度，并推动结果采信应用。

第五十四条 国家通过经费支持、政府采购、税收优惠等方式，促进新科技成果在无障碍环境建设中的运用，鼓励无障碍技术、产品和服务的研发、生产、应用和推广，支持无障碍设施、信息和服务的融合发展。

第五十五条 国家建立无障碍环境建设相关领域人才培养机制。

国家鼓励高等学校、中等职业学校等开设无障碍环境建设相关专业和课程，开展无障碍环境建设理论研究、国际交流和实践活动。

建筑、交通运输、计算机科学与技术等相关学科专业应当增加无障碍环境建设的教学和实践内容，相关领域职业资格、继续教育以及其他培训的考试内容应当包括无障碍环境建设知识。

第五十六条 国家鼓励机关、企业事业单位、社会团体以及其他社会组织，对工作人员进行无障碍服务知识与技能培训。

第五十七条 文明城市、文明村镇、文明单位、文明社区、文明校园等创建活动，应当将无障碍环境建设情况作为重要内容。

第六章 监督管理

第五十八条 县级以上人民政府及其有关主管部门依法对无障碍环境建设进行监督检查,根据工作需要开展联合监督检查。

第五十九条 国家实施无障碍环境建设目标责任制和考核评价制度。县级以上地方人民政府根据本地区实际,制定具体考核办法。

第六十条 县级以上地方人民政府有关主管部门定期委托第三方机构开展无障碍环境建设评估,并将评估结果向社会公布,接受社会监督。

第六十一条 县级以上人民政府建立无障碍环境建设信息公示制度,定期发布无障碍环境建设情况。

第六十二条 任何组织和个人有权向政府有关主管部门提出加强和改进无障碍环境建设的意见和建议,对违反本法规定的行为进行投诉、举报。县级以上人民政府有关主管部门接到涉及无障碍环境建设的投诉和举报,应当及时处理并予以答复。

残疾人联合会、老龄协会等组织根据需要,可以聘请残疾人、老年人代表以及具有相关专业知识的人员,对无障碍环境建设情况进行监督。

新闻媒体可以对无障碍环境建设情况开展舆论监督。

第六十三条 对违反本法规定损害社会公共利益的行为,人民检察院可以提出检察建议或者提起公益诉讼。

第七章 法律责任

第六十四条 工程建设、设计、施工、监理单位未按照本法规定进行建设、设计、施工、监理的,由住房和城乡建设、民政、交通运输等相关主管部门责令限期改正;逾期未改正的,依照相关法律法规的规定进行处罚。

第六十五条 违反本法规定,有下列情形之一的,由住房和城乡建设、民政、交通运输等相关主管部门责令限期改正;逾期未改正的,对单位处一万元以上三万元以下罚款,对个人处一百元以上五百元以下罚款:

(一)无障碍设施责任人不履行维护和管理职责,无法保障无障碍设施功能正常和使用安全;

(二)设置临时无障碍设施不符合相关规定;

(三)擅自改变无障碍设施的用途或者非法占用、损坏无障碍设施。

第六十六条 违反本法规定,不依法履行无障碍信息交流义务的,由网信、工业和信息化、电信、广播电视、新闻出版等相关主管部门责令限期改正;逾期未改正的,予以通报批评。

第六十七条 电信业务经营者不依法提供无障碍信息服务的,由电信主管部门责令限期改正;逾期未改正的,处一万元以上十万元以下罚款。

第六十八条 负有公共服务职责的部门和单位未依法提供无障碍社会服务的,由本级人民政府或者上级主管部门责令限期改正;逾期未改正的,对直接负责的主管人员和其他直接责任人员依法给予处分。

第六十九条 考试举办者、组织者未依法向有残疾的考生提供便利服务的,由本级人民政府或者上级主管部门予以批评并责令改正;拒不改正的,对直接负责的主管人员和其他直接责任人员依法给予处分。

第七十条 无障碍环境建设相关主管部门、有关组织的工作人员滥用职权、玩忽职守、徇私舞弊的,依法给予处分。

第七十一条 违反本法规定,造成人身损害、财产损失的,依法承担民事责任;构成犯罪的,依法追究刑事责任。

第八章 附 则

第七十二条 本法自2023年9月1日起施行。

残疾人专用品免征进口税收暂行规定

(1997年1月22日国务院批准 1997年4月10日海关总署令第61号发布)

第一条 为了支持残疾人康复工作,有利于残疾人专用品进口,制定本规定。

第二条 进口下列残疾人专用品,免征进口关税和进口环节增值税、消费税：

（一）肢残者用的支辅具,假肢及其零部件,假眼,假鼻,内脏托带,矫形器,矫形鞋,非机动助行器,代步工具（不包括汽车、摩托车）,生活自助具,特殊卫生用品；

（二）视力残疾者用的盲杖,导盲镜,助视器,盲人阅读器；

（三）语言、听力残疾者用的语言训练器；

（四）智力残疾者用的行为训练器,生活能力训练用品。

进口前款所列残疾人专用品,由纳税人直接在海关办理免税手续。

第三条 有关单位进口的国内不能生产的下列残疾人专用品,按隶属关系经民政部或者中国残疾人联合会批准,并报海关总署审核后,免征进口关税和进口环节增值税、消费税：

（一）残疾人康复及专用设备,包括床房监护设备、中心监护设备、生化分析仪和超声诊断仪；

（二）残疾人特殊教育设备和职业教育设备；

（三）残疾人职业能力评估测试设备；

（四）残疾人专用劳动设备和劳动保护设备；

（五）残疾人文体活动专用设备；

（六）假肢专用生产、装配、检测设备,包括假肢专用铣磨机、假肢专用真空成型机、假肢专用平板加热器和假肢综合检测仪；

（七）听力残疾者用的助听器。

第四条 本规定第三条规定的有关单位,是指：

（一）民政部直属企事业单位和省、自治区、直辖市民政部门所属福利机构、假肢厂和荣誉军人康复医院（包括各类革命伤残军人休养院、荣军医院和荣军康复医院）；

（二）中国残疾人联合会（中国残疾人福利基金会）直属事业单位和省、自治区、直辖市残疾人联合会（残疾人福利基金会）所属福利机构和康复机构。

第五条 依据本规定免税进口的残疾人专用品,不得擅自移作他用。

违反前款规定,将免税进口的物品擅自移作他用,构成走私罪的,依法追究刑事责任;尚不构成犯罪的,按走私行为或者违反海关监管规定的行为论处。

第六条 海关总署根据本规定制定实施办法。

第七条 本规定自发布之日起施行。

残疾人就业条例

(2007年2月14日国务院第169次常务会议通过 2007年2月25日国务院令第488号公布 自2007年5月1日起施行)

第一章 总　则

第一条 为了促进残疾人就业,保障残疾人的劳动权利,根据《中华人民共和国残疾人保障法》和其他有关法律,制定本条例。

第二条 国家对残疾人就业实行集中就业与分散就业相结合的方针,促进残疾人就业。

县级以上人民政府应当将残疾人就业纳入国民经济和社会发展规划,并制定优惠政策和具体扶持保护措施,为残疾人就业创造条件。

第三条 机关、团体、企业、事业单位和民办非企业单位(以下统称用人单位)应当依照有关法律、本条例和其他有关行政法规的规定,履行扶持残疾人就业的责任和义务。

第四条 国家鼓励社会组织和个人通过多种渠道、多种形式,帮助、支持残疾人就业,鼓励残疾人通过应聘等多种形式就业。禁止在就业中歧视残疾人。

残疾人应当提高自身素质,增强就业能力。

第五条 各级人民政府应当加强对残疾人就业工作的统筹规划,综合协调。县级以上人民政府负责残疾人工作的机构,负责组织、协调、指导、督促有关部门做好残疾人就业工作。

县级以上人民政府劳动保障、民政等有关部门在各自的职责范围内,做好残疾人就业工作。

第六条 中国残疾人联合会及其地方组织依照法律、法规或者接受政府委托,负责残疾人就业工作的具体组织实施与监督。

工会、共产主义青年团、妇女联合会,应当在各自的工作范围内,做好残疾人就业工作。

第七条 各级人民政府对在残疾人就业工作中做出显著成绩的单位和个人,给予表彰和奖励。

第二章 用人单位的责任

第八条 用人单位应当按照一定比例安排残疾人就业,并为其提供适当的工种、岗位。

用人单位安排残疾人就业的比例不得低于本单位在职职工总数的1.5%。具体比例由省、自治区、直辖市人民政府根据本地区的实际情况规定。

用人单位跨地区招用残疾人的,应当计入所安排的残疾人职工人数之内。

第九条 用人单位安排残疾人就业达不到其所在地省、自治区、直辖市人民政府规定比例的,应当缴纳残疾人就业保障金。

第十条 政府和社会依法兴办的残疾人福利企业、盲人按摩机构和其他福利性单位(以下统称集中使用残疾人的用人单位),应当集中安排残疾人就业。

集中使用残疾人的用人单位的资格认定,按照国家有关规定执行。

第十一条 集中使用残疾人的用人单位中从事全日制工作的残疾人职工,应当占本单位在职职工总数的25%以上。

第十二条 用人单位招用残疾人职工,应当依法与其签订劳动合同或者服务协议。

第十三条 用人单位应当为残疾人职工提供适合其身体状况的劳动

条件和劳动保护，不得在晋职、晋级、评定职称、报酬、社会保险、生活福利等方面歧视残疾人职工。

第十四条 用人单位应当根据本单位残疾人职工的实际情况，对残疾人职工进行上岗、在岗、转岗等培训。

第三章 保障措施

第十五条 县级以上人民政府应当采取措施，拓宽残疾人就业渠道，开发适合残疾人就业的公益性岗位，保障残疾人就业。

县级以上地方人民政府发展社区服务事业，应当优先考虑残疾人就业。

第十六条 依法征收的残疾人就业保障金应当纳入财政预算，专项用于残疾人职业培训以及为残疾人提供就业服务和就业援助，任何组织或者个人不得贪污、挪用、截留或者私分。残疾人就业保障金征收、使用、管理的具体办法，由国务院财政部门会同国务院有关部门规定。

财政部门和审计机关应当依法加强对残疾人就业保障金使用情况的监督检查。

第十七条 国家对集中使用残疾人的用人单位依法给予税收优惠，并在生产、经营、技术、资金、物资、场地使用等方面给予扶持。

第十八条 县级以上地方人民政府及其有关部门应当确定适合残疾人生产、经营的产品、项目，优先安排集中使用残疾人的用人单位生产或者经营，并根据集中使用残疾人的用人单位的生产特点确定某些产品由其专产。

政府采购，在同等条件下，应当优先购买集中使用残疾人的用人单位的产品或者服务。

第十九条 国家鼓励扶持残疾人自主择业、自主创业。对残疾人从事个体经营的，应当依法给予税收优惠，有关部门应当在经营场地等方面给予照顾，并按照规定免收管理类、登记类和证照类的行政事业性收费。

国家对自主择业、自主创业的残疾人在一定期限内给予小额信贷等扶持。

第二十条 地方各级人民政府应当多方面筹集资金，组织和扶持农村残疾人从事种植业、养殖业、手工业和其他形式的生产劳动。

有关部门对从事农业生产劳动的农村残疾人,应当在生产服务、技术指导、农用物资供应、农副产品收购和信贷等方面给予帮助。

第四章　就　业　服　务

第二十一条　各级人民政府和有关部门应当为就业困难的残疾人提供有针对性的就业援助服务,鼓励和扶持职业培训机构为残疾人提供职业培训,并组织残疾人定期开展职业技能竞赛。

第二十二条　中国残疾人联合会及其地方组织所属的残疾人就业服务机构应当免费为残疾人就业提供下列服务:

(一)发布残疾人就业信息;

(二)组织开展残疾人职业培训;

(三)为残疾人提供职业心理咨询、职业适应评估、职业康复训练、求职定向指导、职业介绍等服务;

(四)为残疾人自主择业提供必要的帮助;

(五)为用人单位安排残疾人就业提供必要的支持。

国家鼓励其他就业服务机构为残疾人就业提供免费服务。

第二十三条　受劳动保障部门的委托,残疾人就业服务机构可以进行残疾人失业登记、残疾人就业与失业统计;经所在地劳动保障部门批准,残疾人就业服务机构还可以进行残疾人职业技能鉴定。

第二十四条　残疾人职工与用人单位发生争议的,当地法律援助机构应当依法为其提供法律援助,各级残疾人联合会应当给予支持和帮助。

第五章　法　律　责　任

第二十五条　违反本条例规定,有关行政主管部门及其工作人员滥用职权、玩忽职守、徇私舞弊,构成犯罪的,依法追究刑事责任;尚不构成犯罪的,依法给予处分。

第二十六条　违反本条例规定,贪污、挪用、截留、私分残疾人就业保障金,构成犯罪的,依法追究刑事责任;尚不构成犯罪的,对有关责任单位、直接负责的主管人员和其他直接责任人员依法给予处分或者处罚。

第二十七条 违反本条例规定,用人单位未按照规定缴纳残疾人就业保障金的,由财政部门给予警告,责令限期缴纳;逾期仍不缴纳的,除补缴欠缴数额外,还应当自欠缴之日起,按日加收5‰的滞纳金。

第二十八条 违反本条例规定,用人单位弄虚作假,虚报安排残疾人就业人数,骗取集中使用残疾人的用人单位享受的税收优惠待遇的,由税务机关依法处理。

第六章 附 则

第二十九条 本条例所称残疾人就业,是指符合法定就业年龄有就业要求的残疾人从事有报酬的劳动。

第三十条 本条例自2007年5月1日起施行。

残疾人教育条例

(1994年8月23日国务院令第161号发布 根据2011年1月8日国务院令第588号《关于废止和修改部分行政法规的决定》第一次修订 2017年2月1日国务院令第674号第二次修订)

第一章 总 则

第一条 为了保障残疾人受教育的权利,发展残疾人教育事业,根据《中华人民共和国教育法》和《中华人民共和国残疾人保障法》,制定本条例。

第二条 国家保障残疾人享有平等接受教育的权利,禁止任何基于残疾的教育歧视。

残疾人教育应当贯彻国家的教育方针,并根据残疾人的身心特性和需要,全面提高其素质,为残疾人平等地参与社会生活创造条件。

第三条 残疾人教育是国家教育事业的组成部分。

发展残疾人教育事业,实行普及与提高相结合、以普及为重点的方针,保障义务教育,着重发展职业教育,积极开展学前教育,逐步发展高级中等以上教育。

残疾人教育应当提高教育质量,积极推进融合教育,根据残疾人的残疾类别和接受能力,采取普通教育方式或者特殊教育方式,优先采取普通教育方式。

第四条 县级以上人民政府应当加强对残疾人教育事业的领导,将残疾人教育纳入教育事业发展规划,统筹安排实施,合理配置资源,保障残疾人教育经费投入,改善办学条件。

第五条 国务院教育行政部门主管全国的残疾人教育工作,统筹规划、协调管理全国的残疾人教育事业;国务院其他有关部门在国务院规定的职责范围内负责有关的残疾人教育工作。

县级以上地方人民政府教育行政部门主管本行政区域内的残疾人教育工作;县级以上地方人民政府其他有关部门在各自的职责范围内负责有关的残疾人教育工作。

第六条 中国残疾人联合会及其地方组织应当积极促进和开展残疾人教育工作,协助相关部门实施残疾人教育,为残疾人接受教育提供支持和帮助。

第七条 学前教育机构、各级各类学校及其他教育机构应当依照本条例以及国家有关法律、法规的规定,实施残疾人教育;对符合法律、法规规定条件的残疾人申请入学,不得拒绝招收。

第八条 残疾人家庭应当帮助残疾人接受教育。

残疾儿童、少年的父母或者其他监护人应当尊重和保障残疾儿童、少年接受教育的权利,积极开展家庭教育,使残疾儿童、少年及时接受康复训练和教育,并协助、参与有关教育机构的教育教学活动,为残疾儿童、少年接受教育提供支持。

第九条 社会各界应当关心和支持残疾人教育事业。残疾人所在社区、相关社会组织和企事业单位,应当支持和帮助残疾人平等接受教育、融入社会。

第十条 国家对为残疾人教育事业作出突出贡献的组织和个人,按照有关规定给予表彰、奖励。

第十一条 县级以上人民政府负责教育督导的机构应当将残疾人教育实施情况纳入督导范围,并可以就执行残疾人教育法律法规情况、残疾人教育教学质量以及经费管理和使用情况等实施专项督导。

第二章 义务教育

第十二条 各级人民政府应当依法履行职责,保障适龄残疾儿童、少年接受义务教育的权利。

县级以上人民政府对实施义务教育的工作进行监督、指导、检查,应当包括对残疾儿童、少年实施义务教育工作的监督、指导、检查。

第十三条 适龄残疾儿童、少年的父母或者其他监护人,应当依法保证其残疾子女或者被监护人入学接受并完成义务教育。

第十四条 残疾儿童、少年接受义务教育的入学年龄和年限,应当与当地儿童、少年接受义务教育的入学年龄和年限相同;必要时,其入学年龄和在校年龄可以适当提高。

第十五条 县级人民政府教育行政部门应当会同卫生行政部门、民政部门、残疾人联合会,根据新生儿疾病筛查和学龄前儿童残疾筛查、残疾人统计等信息,对义务教育适龄残疾儿童、少年进行入学前登记,全面掌握本行政区域内义务教育适龄残疾儿童、少年的数量和残疾情况。

第十六条 县级人民政府应当根据本行政区域内残疾儿童、少年的数量、类别和分布情况,统筹规划,优先在部分普通学校中建立特殊教育资源教室,配备必要的设备和专门从事残疾人教育的教师及专业人员,指定其招收残疾儿童、少年接受义务教育;并支持其他普通学校根据需要建立特殊教育资源教室,或者安排具备相应资源、条件的学校为招收残疾学生的其他普通学校提供必要的支持。

县级人民政府应当为实施义务教育的特殊教育学校配备必要的残疾人教育教学、康复评估和康复训练等仪器设备,并加强九年一贯制义务教育特殊教育学校建设。

第十七条　适龄残疾儿童、少年能够适应普通学校学习生活、接受普通教育的,依照《中华人民共和国义务教育法》的规定就近到普通学校入学接受义务教育。

适龄残疾儿童、少年能够接受普通教育,但是学习生活需要特别支持的,根据身体状况就近到县级人民政府教育行政部门在一定区域内指定的具备相应资源、条件的普通学校入学接受义务教育。

适龄残疾儿童、少年不能接受普通教育的,由县级人民政府教育行政部门统筹安排进入特殊教育学校接受义务教育。

适龄残疾儿童、少年需要专人护理,不能到学校就读的,由县级人民政府教育行政部门统筹安排,通过提供送教上门或者远程教育等方式实施义务教育,并纳入学籍管理。

第十八条　在特殊教育学校学习的残疾儿童、少年,经教育、康复训练,能够接受普通教育的,学校可以建议残疾儿童、少年的父母或者其他监护人将其转入或者升入普通学校接受义务教育。

在普通学校学习的残疾儿童、少年,难以适应普通学校学习生活的,学校可以建议残疾儿童、少年的父母或者其他监护人将其转入指定的普通学校或者特殊教育学校接受义务教育。

第十九条　适龄残疾儿童、少年接受教育的能力和适应学校学习生活的能力应当根据其残疾类别、残疾程度、补偿程度以及学校办学条件等因素判断。

第二十条　县级人民政府教育行政部门应当会同卫生行政部门、民政部门、残疾人联合会,建立由教育、心理、康复、社会工作等方面专家组成的残疾人教育专家委员会。

残疾人教育专家委员会可以接受教育行政部门的委托,对适龄残疾儿童、少年的身体状况、接受教育的能力和适应学校学习生活的能力进行评估,提出入学、转学建议;对残疾人义务教育问题提供咨询,提出建议。

依照前款规定作出的评估结果属于残疾儿童、少年的隐私,仅可被用于对残疾儿童、少年实施教育、康复。教育行政部门、残疾人教育专家委员会、学校及其工作人员对在工作中了解的残疾儿童、少年评估结果及其他个人信息负有保密义务。

第二十一条 残疾儿童、少年的父母或者其他监护人与学校就入学、转学安排发生争议的,可以申请县级人民政府教育行政部门处理。

接到申请的县级人民政府教育行政部门应当委托残疾人教育专家委员会对残疾儿童、少年的身体状况、接受教育的能力和适应学校学习生活的能力进行评估并提出入学、转学建议,并根据残疾人教育专家委员会的评估结果和提出的入学、转学建议,综合考虑学校的办学条件和残疾儿童、少年及其父母或者其他监护人的意愿,对残疾儿童、少年的入学、转学安排作出决定。

第二十二条 招收残疾学生的普通学校应当将残疾学生合理编入班级;残疾学生较多的,可以设置专门的特殊教育班级。

招收残疾学生的普通学校应当安排专门从事残疾人教育的教师或者经验丰富的教师承担随班就读或者特殊教育班级的教育教学工作,并适当缩减班级学生数额,为残疾学生入学后的学习、生活提供便利和条件,保障残疾学生平等参与教育教学和学校组织的各项活动。

第二十三条 在普通学校随班就读残疾学生的义务教育,可以适用普通义务教育的课程设置方案、课程标准和教材,但是对其学习要求可以有适度弹性。

第二十四条 残疾儿童、少年特殊教育学校(班)应当坚持思想教育、文化教育、劳动技能教育与身心补偿相结合,并根据学生残疾状况和补偿程度,实施分类教学;必要时,应当听取残疾学生父母或者其他监护人的意见,制定符合残疾学生身心特性和需要的个别化教育计划,实施个别教学。

第二十五条 残疾儿童、少年特殊教育学校(班)的课程设置方案、课程标准和教材,应当适合残疾儿童、少年的身心特性和需要。

残疾儿童、少年特殊教育学校(班)的课程设置方案、课程标准由国务院教育行政部门制订;教材由省级以上人民政府教育行政部门按照国家有关规定审定。

第二十六条 县级人民政府教育行政部门应当加强对本行政区域内的残疾儿童、少年实施义务教育工作的指导。

县级以上地方人民政府教育行政部门应当统筹安排支持特殊教育学

校建立特殊教育资源中心,在一定区域内提供特殊教育指导和支持服务。特殊教育资源中心可以受教育行政部门的委托承担以下工作:

(一)指导、评价区域内的随班就读工作;

(二)为区域内承担随班就读教育教学任务的教师提供培训;

(三)派出教师和相关专业服务人员支持随班就读,为接受送教上门和远程教育的残疾儿童、少年提供辅导和支持;

(四)为残疾学生父母或者其他监护人提供咨询;

(五)其他特殊教育相关工作。

第三章 职业教育

第二十七条 残疾人职业教育应当大力发展中等职业教育,加快发展高等职业教育,积极开展以实用技术为主的中期、短期培训,以提高就业能力为主,培养技术技能人才,并加强对残疾学生的就业指导。

第二十八条 残疾人职业教育由普通职业教育机构和特殊职业教育机构实施,以普通职业教育机构为主。

县级以上地方人民政府应当根据需要,合理设置特殊职业教育机构,改善办学条件,扩大残疾人中等职业学校招生规模。

第二十九条 普通职业学校不得拒绝招收符合国家规定的录取标准的残疾人入学,普通职业培训机构应当积极招收残疾人入学。

县级以上地方人民政府应当采取措施,鼓励和支持普通职业教育机构积极招收残疾学生。

第三十条 实施残疾人职业教育的学校和培训机构,应当根据社会需要和残疾人的身心特性合理设置专业,并与企业合作设立实习实训基地,或者根据教学需要和条件办好实习基地。

第四章 学前教育

第三十一条 各级人民政府应当积极采取措施,逐步提高残疾幼儿接受学前教育的比例。

县级人民政府及其教育行政部门、民政部门等有关部门应当支持普通幼儿园创造条件招收残疾幼儿;支持特殊教育学校和具备办学条件的残疾儿童福利机构、残疾儿童康复机构等实施学前教育。

第三十二条 残疾幼儿的教育应当与保育、康复结合实施。

招收残疾幼儿的学前教育机构应当根据自身条件配备必要的康复设施、设备和专业康复人员,或者与其他具有康复设施、设备和专业康复人员的特殊教育机构、康复机构合作对残疾幼儿实施康复训练。

第三十三条 卫生保健机构、残疾幼儿的学前教育机构、儿童福利机构和家庭,应当注重对残疾幼儿的早期发现、早期康复和早期教育。

卫生保健机构、残疾幼儿的学前教育机构、残疾儿童康复机构应当就残疾幼儿的早期发现、早期康复和早期教育为残疾幼儿家庭提供咨询、指导。

第五章 普通高级中等以上教育及继续教育

第三十四条 普通高级中等学校、高等学校、继续教育机构应当招收符合国家规定的录取标准的残疾考生入学,不得因其残疾而拒绝招收。

第三十五条 设区的市级以上地方人民政府可以根据实际情况举办实施高级中等以上教育的特殊教育学校,支持高等学校设置特殊教育学院或者相关专业,提高残疾人的受教育水平。

第三十六条 县级以上人民政府教育行政部门以及其他有关部门、学校应当充分利用现代信息技术,以远程教育等方式为残疾人接受成人高等教育、高等教育自学考试等提供便利和帮助,根据实际情况开设适合残疾人学习的专业、课程,采取灵活开放的教学和管理模式,支持残疾人顺利完成学业。

第三十七条 残疾人所在单位应当对本单位的残疾人开展文化知识教育和技术培训。

第三十八条 扫除文盲教育应当包括对年满15周岁以上的未丧失学习能力的文盲、半文盲残疾人实施的扫盲教育。

第三十九条 国家、社会鼓励和帮助残疾人自学成才。

第六章 教 师

第四十条 县级以上人民政府应当重视从事残疾人教育的教师培

养、培训工作,并采取措施逐步提高他们的地位和待遇,改善他们的工作环境和条件,鼓励教师终身从事残疾人教育事业。

县级以上人民政府可以采取免费教育、学费减免、助学贷款代偿等措施,鼓励具备条件的高等学校毕业生到特殊教育学校或者其他特殊教育机构任教。

第四十一条 从事残疾人教育的教师,应当热爱残疾人教育事业,具有社会主义的人道主义精神,尊重和关爱残疾学生,并掌握残疾人教育的专业知识和技能。

第四十二条 专门从事残疾人教育工作的教师(以下称特殊教育教师)应当符合下列条件:

(一)依照《中华人民共和国教师法》的规定取得教师资格;

(二)特殊教育专业毕业或者经省、自治区、直辖市人民政府教育行政部门组织的特殊教育专业培训并考核合格。

从事听力残疾人教育的特殊教育教师应当达到国家规定的手语等级标准,从事视力残疾人教育的特殊教育教师应当达到国家规定的盲文等级标准。

第四十三条 省、自治区、直辖市人民政府可以根据残疾人教育发展的需求,结合当地实际为特殊教育学校和指定招收残疾学生的普通学校制定教职工编制标准。

县级以上地方人民政府教育行政部门应当会同其他有关部门,在核定的编制总额内,为特殊教育学校配备承担教学、康复等工作的特殊教育教师和相关专业人员;在指定招收残疾学生的普通学校设置特殊教育教师等专职岗位。

第四十四条 国务院教育行政部门和省、自治区、直辖市人民政府应当根据残疾人教育发展的需要有计划地举办特殊教育师范院校,支持普通师范院校和综合性院校设置相关院系或者专业,培养特殊教育教师。

普通师范院校和综合性院校的师范专业应当设置特殊教育课程,使学生掌握必要的特殊教育的基本知识和技能,以适应对随班就读的残疾学生的教育教学需要。

第四十五条 县级以上地方人民政府教育行政部门应当将特殊教育

教师的培训纳入教师培训计划,以多种形式组织在职特殊教育教师进修提高专业水平;在普通教师培训中增加一定比例的特殊教育内容和相关知识,提高普通教师的特殊教育能力。

第四十六条 特殊教育教师和其他从事特殊教育的相关专业人员根据国家有关规定享受特殊岗位补助津贴及其他待遇;普通学校的教师承担残疾学生随班就读教学、管理工作的,应当将其承担的残疾学生教学、管理工作纳入其绩效考核内容,并作为核定工资待遇和职务评聘的重要依据。

县级以上人民政府教育行政部门、人力资源社会保障部门在职务评聘、培训进修、表彰奖励等方面,应当为特殊教育教师制定优惠政策、提供专门机会。

第七章 条件保障

第四十七条 省、自治区、直辖市人民政府应当根据残疾人教育的特殊情况,依据国务院有关行政主管部门的指导性标准,制定本行政区域内特殊教育学校的建设标准、经费开支标准、教学仪器设备配备标准等。

义务教育阶段普通学校招收残疾学生,县级人民政府财政部门及教育行政部门应当按照特殊教育学校生均预算内公用经费标准足额拨付费用。

第四十八条 各级人民政府应当按照有关规定安排残疾人教育经费,并将所需经费纳入本级政府预算。

县级以上人民政府根据需要可以设立专项补助款,用于发展残疾人教育。

地方各级人民政府用于义务教育的财政拨款和征收的教育费附加,应当有一定比例用于发展残疾儿童、少年义务教育。

地方各级人民政府可以按照有关规定将依法征收的残疾人就业保障金用于特殊教育学校开展各种残疾人职业教育。

第四十九条 县级以上地方人民政府应当根据残疾人教育发展的需要统筹规划、合理布局,设置特殊教育学校,并按照国家有关规定配备必要的残疾人教育教学、康复评估和康复训练等仪器设备。

特殊教育学校的设置,由教育行政部门按照国家有关规定审批。

第五十条 新建、改建、扩建各级各类学校应当符合《无障碍环境建设条例》的要求。

县级以上地方人民政府及其教育行政部门应当逐步推进各级各类学校无障碍校园环境建设。

第五十一条 招收残疾学生的学校对经济困难的残疾学生,应当按照国家有关规定减免学费和其他费用,并按照国家资助政策优先给予补助。

国家鼓励有条件的地方优先为经济困难的残疾学生提供免费的学前教育和高中教育,逐步实施残疾学生高中阶段免费教育。

第五十二条 残疾人参加国家教育考试,需要提供必要支持条件和合理便利的,可以提出申请。教育考试机构、学校应当按照国家有关规定予以提供。

第五十三条 国家鼓励社会力量举办特殊教育机构或者捐资助学;鼓励和支持民办学校或者其他教育机构招收残疾学生。

县级以上地方人民政府及其有关部门对民办特殊教育机构、招收残疾学生的民办学校,应当按照国家有关规定予以支持。

第五十四条 国家鼓励开展残疾人教育的科学研究,组织和扶持盲文、手语的研究和应用,支持特殊教育教材的编写和出版。

第五十五条 县级以上人民政府及其有关部门应当采取优惠政策和措施,支持研究、生产残疾人教育教学专用仪器设备、教具、学具、软件及其他辅助用品,扶持特殊教育机构兴办和发展福利企业和辅助性就业机构。

第八章 法律责任

第五十六条 地方各级人民政府及其有关部门违反本条例规定,未履行残疾人教育相关职责的,由上一级人民政府或者其有关部门责令限期改正;情节严重的,予以通报批评,并对直接负责的主管人员和其他直接责任人员依法给予处分。

第五十七条 学前教育机构、学校、其他教育机构及其工作人员违反本条例规定,有下列情形之一的,由其主管行政部门责令改正,对直接负责的主管人员和其他直接责任人员依法给予处分;构成违反治安管理行为

的,由公安机关依法给予治安管理处罚;构成犯罪的,依法追究刑事责任:

(一)拒绝招收符合法律、法规规定条件的残疾学生入学的;

(二)歧视、侮辱、体罚残疾学生,或者放任对残疾学生的歧视言行,对残疾学生造成身心伤害的;

(三)未按照国家有关规定对经济困难的残疾学生减免学费或者其他费用的。

第九章 附 则

第五十八条 本条例下列用语的含义:

融合教育是指将对残疾学生的教育最大程度地融入普通教育。

特殊教育资源教室是指在普通学校设置的装备有特殊教育和康复训练设施设备的专用教室。

第五十九条 本条例自2017年5月1日起施行。

残疾预防和残疾人康复条例

(2017年2月7日国务院令第675号公布 根据2018年9月18日国务院令第703号《关于修改部分行政法规的决定》修订)

第一章 总 则

第一条 为了预防残疾的发生、减轻残疾程度,帮助残疾人恢复或者补偿功能,促进残疾人平等、充分地参与社会生活,发展残疾预防和残疾人康复事业,根据《中华人民共和国残疾人保障法》,制定本条例。

第二条 本条例所称残疾预防,是指针对各种致残因素,采取有效措施,避免个人心理、生理、人体结构上某种组织、功能的丧失或者异常,防止全部或者部分丧失正常参与社会活动的能力。

本条例所称残疾人康复,是指在残疾发生后综合运用医学、教育、职业、社会、心理和辅助器具等措施,帮助残疾人恢复或者补偿功能,减轻功能障碍,增强生活自理和社会参与能力。

第三条 残疾预防和残疾人康复工作应当坚持以人为本,从实际出发,实行预防为主、预防与康复相结合的方针。

国家采取措施为残疾人提供基本康复服务,支持和帮助其融入社会。禁止基于残疾的歧视。

第四条 县级以上人民政府领导残疾预防和残疾人康复工作,将残疾预防和残疾人康复工作纳入国民经济和社会发展规划,完善残疾预防和残疾人康复服务和保障体系,建立政府主导、部门协作、社会参与的工作机制,实行工作责任制,对有关部门承担的残疾预防和残疾人康复工作进行考核和监督。乡镇人民政府和街道办事处根据本地区的实际情况,组织开展残疾预防和残疾人康复工作。

县级以上人民政府负责残疾人工作的机构,负责残疾预防和残疾人康复工作的组织实施与监督。县级以上人民政府有关部门在各自的职责范围内做好残疾预防和残疾人康复有关工作。

第五条 中国残疾人联合会及其地方组织依照法律、法规、章程或者接受政府委托,开展残疾预防和残疾人康复工作。

工会、共产主义青年团、妇女联合会、红十字会等依法做好残疾预防和残疾人康复工作。

第六条 国家机关、社会组织、企业事业单位和城乡基层群众性自治组织应当做好所属范围内的残疾预防和残疾人康复工作。从事残疾预防和残疾人康复工作的人员应当依法履行职责。

第七条 社会各界应当关心、支持和参与残疾预防和残疾人康复事业。

新闻媒体应当积极开展残疾预防和残疾人康复的公益宣传。

国家鼓励和支持组织、个人提供残疾预防和残疾人康复服务,捐助残疾预防和残疾人康复事业,兴建相关公益设施。

第八条 国家鼓励开展残疾预防和残疾人康复的科学研究和应用,

提高残疾预防和残疾人康复的科学技术水平。

国家鼓励开展残疾预防和残疾人康复领域的国际交流与合作。

第九条 对在残疾预防和残疾人康复工作中作出显著成绩的组织和个人,按照国家有关规定给予表彰、奖励。

第二章 残疾预防

第十条 残疾预防工作应当覆盖全人群和全生命周期,以社区和家庭为基础,坚持普遍预防和重点防控相结合。

第十一条 县级以上人民政府组织有关部门、残疾人联合会等开展下列残疾预防工作:

(一)实施残疾监测,定期调查残疾状况,分析致残原因,对遗传、疾病、药物、事故等主要致残因素实施动态监测;

(二)制定并实施残疾预防工作计划,针对主要致残因素实施重点预防,对致残风险较高的地区、人群、行业、单位实施优先干预;

(三)做好残疾预防宣传教育工作,普及残疾预防知识。

第十二条 卫生主管部门在开展孕前和孕产期保健、产前筛查、产前诊断以及新生儿疾病筛查,传染病、地方病、慢性病、精神疾病等防控,心理保健指导等工作时,应当做好残疾预防工作,针对遗传、疾病、药物等致残因素,采取相应措施消除或者降低致残风险,加强临床早期康复介入,减少残疾的发生。

公安、安全生产监督管理、食品安全监督管理、药品监督管理、生态环境、防灾减灾救灾等部门在开展交通安全、生产安全、食品安全、药品安全、生态环境保护、防灾减灾救灾等工作时,应当针对事故、环境污染、灾害等致残因素,采取相应措施,减少残疾的发生。

第十三条 国务院卫生、教育、民政等有关部门和中国残疾人联合会在履行职责时应当收集、汇总残疾人信息,实现信息共享。

第十四条 承担新生儿疾病和未成年人残疾筛查、诊断的医疗卫生机构应当按照规定将残疾和患有致残性疾病的未成年人信息,向所在地县级人民政府卫生主管部门报告。接到报告的卫生主管部门应当按照规定及时将相关信息与残疾人联合会共享,并共同组织开展早期干预。

第十五条　具有高度致残风险的用人单位应当对职工进行残疾预防相关知识培训,告知作业场所和工作岗位存在的致残风险,并采取防护措施,提供防护设施和防护用品。

第十六条　国家鼓励公民学习残疾预防知识和技能,提高自我防护意识和能力。

未成年人的监护人应当保证未成年人及时接受政府免费提供的疾病和残疾筛查,努力使有出生缺陷或者致残性疾病的未成年人及时接受治疗和康复服务。未成年人、老年人的监护人或者家庭成员应当增强残疾预防意识,采取有针对性的残疾预防措施。

第三章　康复服务

第十七条　县级以上人民政府应当组织卫生、教育、民政等部门和残疾人联合会整合从事残疾人康复服务的机构(以下称康复机构)、设施和人员等资源,合理布局,建立和完善以社区康复为基础、康复机构为骨干、残疾人家庭为依托的残疾人康复服务体系,以实用、易行、受益广的康复内容为重点,为残疾人提供综合性的康复服务。

县级以上人民政府应当优先开展残疾儿童康复工作,实行康复与教育相结合。

第十八条　县级以上人民政府根据本行政区域残疾人数量、分布状况、康复需求等情况,制定康复机构设置规划,举办公益性康复机构,将康复机构设置纳入基本公共服务体系规划。

县级以上人民政府支持社会力量投资康复机构建设,鼓励多种形式举办康复机构。

社会力量举办的康复机构和政府举办的康复机构在准入、执业、专业技术人员职称评定、非营利组织的财税扶持、政府购买服务等方面执行相同的政策。

第十九条　康复机构应当具有符合无障碍环境建设要求的服务场所以及与所提供康复服务相适应的专业技术人员、设施设备等条件,建立完善的康复服务管理制度。

康复机构应当依照有关法律、法规和标准、规范的规定,为残疾人提供安全、有效的康复服务。鼓励康复机构为所在区域的社区、学校、家庭提供康复业务指导和技术支持。

康复机构的建设标准、服务规范、管理办法由国务院有关部门商中国残疾人联合会制定。

县级以上人民政府有关部门应当依据各自职责，加强对康复机构的监督管理。残疾人联合会应当及时汇总、发布康复机构信息，为残疾人接受康复服务提供便利，各有关部门应当予以支持。残疾人联合会接受政府委托对康复机构及其服务质量进行监督。

第二十条 各级人民政府应当将残疾人社区康复纳入社区公共服务体系。

县级以上人民政府有关部门、残疾人联合会应当利用社区资源，根据社区残疾人数量、类型和康复需求等设立康复场所，或者通过政府购买服务方式委托社会组织，组织开展康复指导、日常生活能力训练、康复护理、辅助器具配置、信息咨询、知识普及和转介等社区康复工作。

城乡基层群众性自治组织应当鼓励和支持残疾人及其家庭成员参加社区康复活动，融入社区生活。

第二十一条 提供残疾人康复服务，应当针对残疾人的健康、日常活动、社会参与等需求进行评估，依据评估结果制定个性化康复方案，并根据实施情况对康复方案进行调整优化。制定、实施康复方案，应当充分听取、尊重残疾人及其家属的意见，告知康复措施的详细信息。

提供残疾人康复服务，应当保护残疾人隐私，不得歧视、侮辱残疾人。

第二十二条 从事残疾人康复服务的人员应当具有人道主义精神，遵守职业道德，学习掌握必要的专业知识和技能并能够熟练运用；有关法律、行政法规规定需要取得相应资格的，还应当依法取得相应的资格。

第二十三条 康复机构应当对其工作人员开展在岗培训，组织学习康复专业知识和技能，提高业务水平和服务能力。

第二十四条 各级人民政府和县级以上人民政府有关部门、残疾人联合会以及康复机构等应当为残疾人及其家庭成员学习掌握康复知识和技能提供便利条件，引导残疾人主动参与康复活动，残疾人的家庭成员应当予以支持和帮助。

第四章 保障措施

第二十五条 各级人民政府应当按照社会保险的有关规定将残疾人纳入基本医疗保险范围，对纳入基本医疗保险支付范围的医疗康复费用予以支付；按照医疗救助的有关规定，对家庭经济困难的残疾人参加基本医疗保险给予补贴，并对经基本医疗保险、大病保险和其他补充医疗保险支付医疗费用后仍有困难的给予医疗救助。

第二十六条 国家建立残疾儿童康复救助制度，逐步实现0-6岁视力、听力、言语、肢体、智力等残疾儿童和孤独症儿童免费得到手术、辅助器具配置和康复训练等服务；完善重度残疾人护理补贴制度；通过实施重点康复项目为城乡贫困残疾人、重度残疾人提供基本康复服务，按照国家有关规定对基本型辅助器具配置给予补贴。具体办法由国务院有关部门商中国残疾人联合会根据经济社会发展水平和残疾人康复需求等情况制定。

国家多渠道筹集残疾人康复资金，鼓励、引导社会力量通过慈善捐赠等方式帮助残疾人接受康复服务。工伤保险基金、残疾人就业保障金等按照国家有关规定用于残疾人康复。

有条件的地区应当根据本地实际情况提高保障标准，扩大保障范围，实施高于国家规定水平的残疾人康复保障措施。

第二十七条 各级人民政府应当根据残疾预防和残疾人康复工作需要，将残疾预防和残疾人康复工作经费列入本级政府预算。

从事残疾预防和残疾人康复服务的机构依法享受有关税收优惠政策。县级以上人民政府有关部门对相关机构给予资金、设施设备、土地使用等方面的支持。

第二十八条 国家加强残疾预防和残疾人康复专业人才的培养；鼓励和支持高等学校、职业学校设置残疾预防和残疾人康复相关专业或者开设相关课程，培养专业技术人员。

县级以上人民政府卫生、教育等有关部门应当将残疾预防和残疾人康复知识、技能纳入卫生、教育等相关专业技术人员的继续教育。

第二十九条 国务院人力资源社会保障部门应当会同国务院有关部

门和中国残疾人联合会,根据残疾预防和残疾人康复工作需要,完善残疾预防和残疾人康复专业技术人员职业能力水平评价体系。

第三十条 省级以上人民政府及其有关部门应当积极支持辅助器具的研发、推广和应用。

辅助器具研发、生产单位依法享受有关税收优惠政策。

第三十一条 各级人民政府和县级以上人民政府有关部门按照国家有关规定,保障残疾预防和残疾人康复工作人员的待遇。县级以上人民政府人力资源社会保障等部门应当在培训进修、表彰奖励等方面,对残疾预防和残疾人康复工作人员予以倾斜。

第五章 法 律 责 任

第三十二条 地方各级人民政府和县级以上人民政府有关部门未依照本条例规定履行残疾预防和残疾人康复工作职责,或者滥用职权、玩忽职守、徇私舞弊的,依法对负有责任的领导人员和直接责任人员给予处分。

各级残疾人联合会有违反本条例规定的情形的,依法对负有责任的领导人员和直接责任人员给予处分。

第三十三条 医疗卫生机构、康复机构及其工作人员未依照本条例规定开展残疾预防和残疾人康复工作的,由有关主管部门按照各自职责分工责令改正,给予警告;情节严重的,责令暂停相关执业活动,依法对负有责任的领导人员和直接责任人员给予处分。

第三十四条 具有高度致残风险的用人单位未履行本条例第十五条规定的残疾预防义务,违反安全生产、职业病防治等法律、行政法规规定的,依照有关法律、行政法规的规定给予处罚;有关法律、行政法规没有规定的,由有关主管部门按照各自职责分工责令改正,给予警告;拒不改正的,责令停产停业整顿。用人单位还应当依法承担救治、保障等义务。

第三十五条 违反本条例规定,构成犯罪的,依法追究刑事责任;造成人身、财产损失的,依法承担赔偿责任。

第六章 附 则

第三十六条 本条例自 2017 年 7 月 1 日起施行。

中央财政残疾人事业发展资金管理办法

(2024年4月10日财政部、中国残疾印发 财社〔2024〕27号)

第一章 总 则

第一条 为进一步规范和加强中央财政残疾人事业发展资金(以下简称发展资金)管理,提高资金使用效益,保障残疾人事业健康发展,根据《中华人民共和国残疾人保障法》和《中华人民共和国预算法》等有关规定,制定本办法。

第二条 本办法所称发展资金,是指通过一般公共预算和中央专项彩票公益金安排的用于残疾人事业发展的资金。发展资金包括中国残联本级项目资金和残疾人事业发展补助资金,其中,中国残联本级项目资金是指纳入中国残联中央本级预算管理的中央专项彩票公益金;残疾人事业发展补助资金包括纳入中央对地方转移支付预算管理的一般公共预算项目资金和中央专项彩票公益金。

发展资金实施期限暂至2028年12月31日。期满前财政部会同中国残联根据法律、行政法规和国务院有关规定及工作需要评估确定后续期限。

第三条 发展资金的使用管理坚持公开、公平、公正原则。

第二章 使用范围

第四条 中国残联本级中央专项彩票公益金项目资金主要用于残疾人体育、盲人读物出版、盲人公共文化服务等支出,具体包括以下方面:

(一)残疾人体育。主要用于残疾人群众体育、竞技体育等。

（二）盲人读物出版。主要用于各类盲人读物出版、盲人读物生产设备购置等。

（三）盲人公共文化服务。主要用于盲人阅读推广、盲人文化教育培训等。

第五条 残疾人事业发展补助资金由各地统筹用于残疾人康复、教育、就业帮扶、社会保障、托养和照护、宣传、文化、体育、无障碍改造以及其他残疾人服务等支出，具体包括以下方面：

（一）残疾人康复。主要用于开展残疾儿童康复、基本辅助器具适配、成年残疾人基本康复服务等。

（二）残疾人教育。主要用于中、高等特殊教育学校(院)改善办学条件和实习训练基地建设等。

（三）残疾人就业帮扶。主要用于开展农村困难残疾人实用技术培训等。

（四）残疾人托养和照护。主要用于对智力、精神和重度残疾人托养和照护服务给予补助等。

（五）残疾人文化体育。主要用于提供残疾人公共文化服务、扶持特殊艺术，支持残疾人群众性体育活动、大型残疾人体育赛事开展等。

（六）无障碍改造。主要用于对经济困难重度残疾人生活环境无障碍改造给予补助等。

（七）残疾评定。主要用于对困难智力、精神和重度残疾人残疾评定给予补助等。

（八）燃油补贴。主要用于发放残疾人机动轮椅车燃油补贴。

（九）服务能力提升。主要用于对地方残疾人康复和托养机构设备购置给予补助等。

（十）其他。经中国残联商财政部确定的用于促进残疾人事业发展的其他支出。

残疾人事业发展补助资金中的一般公共预算资金和中央专项彩票公益金支持方向，将在下达年度资金发文时予以明确，原则上避免交叉重复。中央专项彩票公益金支出方向同时要符合中央彩票公益金管理办法有关规定。

第三章　分配和使用管理

第六条　中国残联本级中央专项彩票公益金项目执行中央部门预算管理制度，并实行中期财政规划、项目库管理，纳入项目库的项目按规定进行评审，项目立项和预算申报应严格执行中央部门预算管理有关规定，原则上不与其他项目交叉重复。项目结转结余资金的使用和管理，按照财政部门有关结转结余资金使用和管理办法执行。

第七条　残疾人事业发展补助资金执行中央对地方转移支付预算管理制度，并实行中期财政规划管理。

第八条　按照预算管理规定时限，中国残联每年提出残疾人事业发展补助资金分配方案及绩效目标建议报送财政部，并对测算因素数据的准确性、及时性负责。财政部审核后下达资金。

第九条　残疾人事业发展补助资金按因素法进行分配，测算公式为：

其中：某地分配系数＝该地需求系数×该地财力系数×该地绩效调节系数。

需求系数，主要反映地方开展相关工作的任务量及资金需求情况。由各级残联根据需求对象数量、机构数量等业务要素，选取已公开发布的统计数据作为需求因素计算得出。

财力系数，主要反映地方财政困难程度。

绩效调节系数，主要反映地方相关工作进展及其成效。

残疾人机动轮椅车燃油补贴等测算办法另有规定的，从其规定。

第十条　省级财政部门收到残疾人事业发展补助资金后，可与省级财政安排用于残疾人事业发展的资金统筹使用，及时商同级残联制定残疾人事业发展补助资金分配方案，于规定时限内将资金分解下达本级有关部门和本行政区域县级以上各级政府财政部门，同时将资金分配结果报财政部备案并抄送财政部当地监管局。

第十一条　财政部应当在每年规定时间内，按当年残疾人事业发展补助资金实际下达数的一定比例，将下一年度残疾人事业发展补助资金预计数提前下达省级财政部门，并抄送中国残联和财政部有关监管局。

第十二条　各级财政部门、残联不得擅自扩大支出范围，不得以任何形式挤占、挪用、截留和滞留发展资金或从中提取工作经费。

第十三条 发展资金的支付,按照国库集中支付制度有关规定执行。各级财政部门、残联应采取措施,切实加快预算执行进度,提高预算执行的均衡性和有效性。

第十四条 发展资金使用中属于政府采购范围的,按照政府采购法律制度规定执行。鼓励各地按照《政府购买服务管理办法》等规定,通过政府购买服务的方式引导社会力量参与提供残疾人服务。

第十五条 发展资金购置的材料、物资、器材和设备等属于固定资产的,应严格执行国家固定资产管理有关规定,防止国有资产流失。

第十六条 各级财政部门、残联应按照《彩票管理条例》、《彩票管理条例实施细则》和《彩票公益金管理办法》(财综〔2021〕18号)等规定,加强对中央专项彩票公益金安排残疾人事业发展补助资金的使用管理,每年向社会公告上一年度项目总体和具体项目的资金规模、支出内容、执行情况、项目支出绩效目标以及完成情况等。

彩票公益金资助的基本建设设施、设备或者社会公益活动等,应当以显著方式标明"彩票公益金资助—中国福利彩票和中国体育彩票"标识。各级残联应进一步加大项目资金使用和资助项目宣传,积极传播彩票公益属性和社会责任,更好展现彩票公益金在促进社会公益事业发展中的重要作用,不断提升彩票公信力和影响力。

第四章 绩效管理和监督检查

第十七条 各级财政部门、残联应当按照预算绩效管理有关要求,加强补助资金全过程预算绩效管理,科学设定绩效目标,组织开展绩效运行监控和绩效评价,加强评价结果应用。财政部根据需要组织开展重点绩效评价,并将评价结果作为预算分配、政策调整的依据。

第十八条 各级财政部门、残联应当建立健全资金监管机制,切实加强对残疾人事业发展补助资金的预算执行调度和监管,任何单位和个人不得虚报冒领、挤占挪用。财政部各地监管局按照工作职责和财政部要求,对补助地方资金的使用管理情况实施监督。

各级财政部门、残联及其工作人员在残疾人事业发展补助资金的分配审核、使用管理等工作中，存在违反本办法规定的行为，以及其他滥用职权、玩忽职守、徇私舞弊等违法违规行为的，依法追究相应责任。

第十九条　地方各级财政部门、残联应自觉接受审计、监察等部门和社会公众的监督。

第五章　附　则

第二十条　省级财政部门会同同级残联可以参照本办法，结合当地实际，制定本地区的残疾人事业发展补助资金管理办法。

第二十一条　本办法由财政部会同中国残联负责解释。

第二十二条　本办法自发布之日起施行。《财政部 中国残联关于印发〈中央财政残疾人事业发展补助资金管理办法〉的通知》(财社〔2016〕114号)，以及《财政部 民政部 住房城乡建设部 中国残联关于修改中央财政困难群众救助等补助资金管理办法的通知》(财社〔2019〕114号)中涉及对财社〔2016〕114号文件进行修订的内容同时废止。

机关、事业单位、国有企业带头安排残疾人就业办法

(2021年10月27日中共中央组织部、中央机构编制委员会办公室、人力资源和社会保障部、国务院国有资产监督管理委员会、中国残疾人联合会印发　残联发〔2021〕51号)

第一章　总　则

第一条　【依据】为促进机关、事业单位、国有企业带头安排残疾人就业，根据《中华人民共和国公务员法》、《中华人民共和国残疾人保障法》、《事业单位人事管理条例》、《残疾人就业条例》、《无障碍环境建设条例》

以及国家相关规定,制定本办法。

第二条 【适用范围】本办法适用于机关、事业单位、国有企业通过公开录用、遴选、选调、公开招聘等方法安排残疾人担任公务员、工作人员或职工。

第三条 【对用人单位的要求】机关、事业单位、国有企业应当积极采取措施,按比例安排残疾人就业,依法办理入职手续或签订劳动(聘用)合同;安排残疾人就业未达到规定比例的,应当依法采取缴纳残疾人就业保障金等其他方式履行法定义务。

第四条 【合理便利】国家或招录(聘)机关(单位)举办的各类录用、遴选、选调、招聘、职业资格考试(包括笔试、面试等),有残疾人参加的,应当采取适当措施,为残疾人提供必要支持条件与合理便利。

机关、事业单位、国有企业应当对就业场所进行无障碍环境改造,为残疾人就业创造必要的劳动保障条件。

第五条 【"十四五"规划目标】到 2025 年,安排残疾人就业未达到规定比例的省级、地市级编制 50 人(含)以上的党政机关至少安排 1 名残疾人,编制 67 人(含)以上的事业单位(中小学、幼儿园除外)至少安排 1 名残疾人就业。县级及以上残联机关干部队伍中要有 15% 以上的残疾人。

安排残疾人就业未达到规定比例的国有企业应当根据行业特点,积极开发适合残疾人就业的岗位,安排残疾人就业。

第六条 【原则性要求】在坚持具有正常履行职责的身体条件的前提下,对残疾人能够胜任的职位、岗位,在同等条件下优先录(聘)用残疾人。

第二章 安排计划与招考(聘)公告

第七条 【招录公告】机关、事业单位、国有企业制定的招录(聘)计划,公务员主管部门、事业单位及其主管部门、事业单位人事综合管理部门制定、发布的招考招聘公告,除特殊职位、岗位外,不得设置限制残疾人报考的资格条件。

限制残疾人报考的特殊职位、岗位,公务员主管部门、事业单位人事综合管理部门、国有资产监督管理部门应会同同级残联予以充分论证后发布。

第八条 【安排计划的拟定】符合本办法第五条规定的机关、事业单位未安排残疾人就业的,应当拟定一定期限内达到招录(聘)残疾人规定的具体计划,采取专设职位、岗位面向残疾人招录(聘)等措施,多渠道、多形式安排残疾人,确保按时完成规定目标。

国有企业安排残疾人就业未达到规定比例的,在有适合岗位的情况下,应当在招聘计划中单列一定数量的岗位,根据规定的原则和程序定向招聘符合要求的残疾人。

第九条 【定向招录】机关、事业单位、国有企业专设残疾人职位、岗位招录(聘)时,公务员主管部门、事业单位人事综合管理部门、国有资产监督管理部门可以给予适当放宽开考比例、年龄、户籍等倾斜政策。

第十条 【安排计划的落实】机关、事业单位招录(聘)残疾人就业的计划按有关规定报送主管部门。未能按招录(聘)计划及时安排残疾人就业的,应当及时提出新的招录(聘)计划。

第三章 考 试

第十一条 【合理便利申请】残疾人参加招录(聘)、职业资格考试(包括笔试、面试等),确需安排无障碍考场,提供特殊辅助工具,采用大字试卷、盲文试卷、电子试卷或由专门工作人员予以协助等合理便利的,经残疾人本人申请,由考试主管或组织单位会同同级残联审核确认,各级残联应当协助考试组织单位提供技术和人员支持。

第十二条 【能力测评的特殊规定】机关、事业单位、国有企业专设职位、岗位招录(聘)残疾人的,可以采取适合的考试方法进行测评。

第四章 体检与考察

第十三条 【体检标准的制定】省级及以下机关、事业单位面向残疾人招录(聘)的职位、岗位体检条件由省级公务员主管部门、事业单位人事综合管理部门会同同级有关部门确定。残疾人进入机关、事业单位、国有企业就业,需要职业资格证书的,不得额外增加与职位、岗位要求无关的身体条件要求。

第十四条 【体检信息填报】残疾人有权保护个人隐私,机关、事业单位、国有企业在审核报考人信息时,不得以残疾本身作为是否健康的依据。除明确要求外,不得以残疾人未主动说明残疾状况作为拒绝录(聘)用的理由。

第十五条 【考察】招录(聘)机关(单位)按照有关规定对专项职位、岗位招录(聘)的残疾人报考资格进行复审时,分别由同级残联、退役军人事务部门协助核验残疾人证、残疾军人证信息是否真实、准确。

第五章 公示与监督

第十六条 【招录公示与录用】机关、事业单位、国有企业面向残疾人招录(聘)的,按有关规定进行公示后,除规定不得录(聘)用的情形和发现有其他影响录(聘)用问题外,不得拒绝录(聘)用。

第十七条 【按比例就业公示】公务员主管部门、事业单位人事综合管理部门、国有资产监督管理部门应当按照有关规定协助开展机关、事业单位、国有企业安排残疾人就业情况定期公示工作。

第十八条 【按比例就业年审提供情况】公务员主管部门、事业单位主管部门每年应当向同级政府残工委办公室提供当年录(聘)用残疾人情况,按照残疾人按比例就业年审工作相关要求,协助开展相关数据查询、比对、核实等工作。

第十九条 【残联责任】各级残联应当为机关、事业单位、国有企业招录(聘)残疾人在面试、体检、岗前培训、无障碍沟通等方面提供帮助和服务,向国有企业介绍和推荐适合人选,帮助其开发适合残疾人的岗位。

第二十条 【用人单位责任】机关、事业单位、国有企业未按比例安排残疾人就业,且未采取缴纳残疾人就业保障金等其它方式履行法定义务的,不能参评先进单位,其主要负责同志不能参评先进个人。

第二十一条 【国有企业责任】国有企业应当将安排残疾人就业情况纳入企业社会责任报告予以披露。

第二十二条 【个人责任】面向残疾人招录(聘)的职位、岗位,报考或申请人在报名时提供虚假残疾信息或证件(证明)的,一经查实,取消其报考及录(聘)用资格。

第二十三条 【救济】机关、事业单位、国有企业以不具备正常履职身体条件为由,拒绝招录(聘)进入体检环节的残疾人的,应当向主管部门、人事综合管理部门进行充分说明,并将有关情况通报同级残联。经核实残疾人合法权益受到侵犯的,依据有关规定和程序处理。

第六章 附 则

第二十四条 本办法所称机关,是指各级党的机关、人大机关、行政机关、政协机关、监察机关、审判机关、检察机关和各民主党派机关、群团机关;事业单位,是指国家为了社会公益目的,由国家机关举办或者其他组织利用国有资产举办的,从事教育、科技、文化、卫生等活动的社会服务组织;国有企业,是指国有、国有控股和国有资本占主导地位的企业。

第二十五条 本办法由中国残疾人联合会商中共中央组织部、中央机构编制委员会办公室、人力资源和社会保障部、国务院国有资产监督管理委员会等负责解释。

第二十六条 本办法自发布之日起施行。

残疾人服务机构管理办法

(2018年3月5日民政部、人力资源社会保障部、卫生计生委、中国残联印发 民发〔2018〕31号)

第一章 总 则

第一条 为维护和保障残疾人的合法权益,加强和规范残疾人服务机构管理,根据《中华人民共和国残疾人保障法》《残疾预防和残疾人康复条例》等有关法律法规,制定本办法。

第二条 本办法所称残疾人服务机构是指国家、社会和个人举办的,依法登记的专门为残疾人提供供养、托养、照料、康复、辅助性就业等相关服务的机构。属于综合性社会福利机构中内设的残疾人服务机构的管理，参照此办法执行。

《残疾人教育条例》、《特殊教育学校暂行规程》等规定的残疾人职业教育机构不适用于本办法。

第三条 残疾人服务机构应当遵守国家法律、法规和政策，坚持以人为本，保障服务对象的人格尊严和合法权益。

入住残疾人服务机构的残疾人应当遵守机构的规章制度。

第四条 国务院民政、卫生计生、人力资源社会保障等有关部门是残疾人服务机构的行业管理部门，负责对全国残疾人服务机构进行指导、监督和管理。行业管理部门应当按照职能和残疾人服务机构提供服务的主要内容，对残疾人服务机构进行政策和业务指导，履行相关监管责任。

县级以上地方人民政府民政、卫生计生、人力资源社会保障等相关部门，负责对本行政区域内残疾人服务机构进行指导、监督和管理。

中国残疾人联合会及其地方组织依照相关法律法规或者接受政府委托，对残疾人服务机构进行监督。

第五条 残疾人服务机构应当依法登记。国家机关、事业单位举办或其他组织利用国有资产举办的非营利性残疾人服务机构，应当按照《事业单位登记管理暂行条例》等事业单位登记管理规定到事业单位登记（管理）机关办理登记。非营利性残疾人服务机构符合《民办非企业单位登记管理暂行条例》等民办非企业单位（社会服务机构）登记管理有关规定的，应当到民政部门办理登记。营利性残疾人服务机构，应当依据法律法规规定的管辖权限到工商行政管理部门办理登记。

第六条 县级以上地方人民政府民政、卫生计生、人力资源社会保障等相关部门，应当提请本级人民政府根据经济社会发展规划和残疾人数量、分布状况及服务需求，制定并实施残疾人服务机构设置规划，将残疾人服务机构设置纳入基本公共服务体系规划。

第七条 鼓励公民、法人或者其他组织通过捐赠、设置公益慈善项目、提供志愿服务等方式，为残疾人服务机构提供帮助。

第二章 服 务 提 供

第八条 残疾人服务机构接收残疾人、为残疾人提供服务前,应当对残疾人服务需求、身心状况等与服务相关的基本情况进行评估,并根据残疾类型、残疾等级和评估结果制定适合的服务方案,实施分级分类服务。

残疾人服务机构应当对接受服务的残疾人进行定期评估,并根据评估结果适时调整服务方案。

第九条 残疾人服务机构应当与接受服务的残疾人或其代理人签订具有法律效力、权责明晰的服务协议。服务协议一般载明下列事项:

(一)残疾人服务机构的名称、住所、法定代表人或者主要负责人、联系方式;

(二)残疾人或者其代理人指定的经常联系人的姓名、住址、身份证明、联系方式;

(三)服务内容和服务方式;

(四)收费标准以及费用支付方式;

(五)服务期限和地点;

(六)当事人的权利和义务;

(七)协议变更、解除与终止的条件;

(八)违约责任;

(九)争议解决方式;

(十)当事人协商一致的其他内容。

第十条 残疾人服务机构应当依照其登记类型、业务性质、设施设备条件、管理水平、服务质量、护理等级等因素确定服务项目的收费标准。

残疾人服务机构应当在醒目位置公示各类服务项目收费标准和收费依据,并遵守国家和地方政府价格管理有关规定。

残疾人服务机构应当依法接受政府有关部门对财务收支状况、收费项目和调价频次等的监督。

第十一条 残疾人服务机构按照服务协议为接收的残疾人提供的服务,应当符合相关国家标准或者行业标准和规范。

第十二条 对于具有劳动能力的残疾人,残疾人服务机构可以根据其特点,配备专业人员帮助其进行适当的社会康复和职业康复。

对于有就业意愿的残疾人,提供辅助性就业等服务的残疾人服务机构可以组织开展适宜的辅助性生产劳动项目,并与参与劳动的残疾人或残疾人亲属签订相关协议,符合劳动合同法律法规规定的,依法签订劳动合同。

第十三条　残疾人服务机构可以通过设立医疗机构或者采取与医疗机构合作的方式,为残疾人提供医疗服务。残疾人服务机构开展诊疗服务的,应当依法取得《医疗机构执业许可证》。

第十四条　残疾人服务机构可以通过设置康复辅助器具配置室等方式,为残疾人获得和使用康复辅助器具服务提供便利条件。

第十五条　残疾人服务机构应当根据需要为残疾人提供情绪疏导、心理咨询、危机干预等精神慰藉服务。其中,对于智力障碍、精神障碍残疾人应当配备专业人员进行专业服务。

第十六条　残疾人服务机构应当定期开展适合残疾人的文化、体育、娱乐活动,丰富残疾人的精神文化生活。

残疾人服务机构开展文化、体育、娱乐活动时,应当为残疾人提供必要的安全防护措施。

第十七条　残疾人服务机构提供服务时,应当注意保护残疾人隐私、尊重残疾人民族风俗习惯、保障服务对象的人身权益。

第十八条　残疾人服务机构因歇业、解散、被撤销或者其他原因暂停或终止服务的,行业管理部门应当指导和督促残疾人服务机构妥善处理后续事宜,最大限度保障残疾人合法权益。

第三章　内部管理

第十九条　残疾人服务机构应当按照国家有关规定建立完善安全、消防、卫生、财务、档案、无障碍环境等管理制度,制定服务标准和工作流程,并予以公开。

第二十条　残疾人服务机构应当配备与服务和运营相适应的工作人员,并依法与其签订聘用合同或者劳动合同,明确工作人员的岗位职责和工作流程,实行岗位责任制。

残疾人服务机构中从事医疗、康复、心理咨询、社会工作等服务的专业技术人员,应当依据相关法律法规持证上岗,或上岗前接受专业技能培训。

残疾人服务机构应当定期组织工作人员进行职业道德教育和业务培训。

第二十一条　残疾人服务机构应当遵循国家统一的财务、会计制度,按规定实施财务管理,依法建立会计账簿并进行会计核算。

第二十二条　残疾人服务机构应当按照《无障碍环境建设条例》等要求,为残疾人提供符合相关技术标准的无障碍设施。

第二十三条　残疾人服务机构应当为残疾人建立基本信息档案,一人一档,并妥善保存相关原始资料。

残疾人服务机构应当保护残疾人的个人信息。

第二十四条　残疾人服务机构申请登记认定为慈善组织、接受和使用捐赠物资等,应当遵守慈善事业有关法律法规。

残疾人服务机构接受社会捐赠、政府补助的,应当专款专用,有详尽的使用记录,并公开接受捐赠的情况和受赠资产使用、管理情况。

第二十五条　残疾人服务机构应当建立健全照料、护理、膳食、特殊设施设备等方面的安全管理制度和工作责任机制,并在公共区域安装实时监控装置。

残疾人服务机构应当制定突发事件应急预案,并按照应急处理程序处置突发事件。突发事件应当及时向行业管理部门和有关部门报告,并有完整的过程和应急处理记录。

第四章　监督检查

第二十六条　行业管理部门应当通过信息化手段等多种方式,加强与登记机关、残疾人联合会对残疾人服务机构的信息共享。

第二十七条　行业管理部门、残疾人联合会可以通过书面检查、随机抽查等方式,对残疾人服务机构进行监督检查,并向社会公布检查结果。上级主管部门可以委托下级部门进行监督检查。

第二十八条　行业管理部门、残疾人联合会可以委托第三方机构对残疾人服务机构的管理水平、服务质量、运行情况等进行专业评估。评估结果可以作为政府购买服务、资助扶持、分级管理的依据。

第二十九条 残疾人服务机构应当经常听取残疾人及家属的意见和建议,发挥残疾人及家属对于服务和管理的监督促进作用。

第三十条 残疾人服务机构应当以适当方式向社会公开服务对象的重大事项。

行业管理部门应当建立对残疾人服务机构的举报和投诉制度,接到举报、投诉后,应当及时核实、处理。

第三十一条 行业管理部门、残疾人联合会应当定期开展残疾人服务机构行业统计分析工作,残疾人服务机构应当及时准确报送相关信息。

第三十二条 上级行业管理部门应当加强对下级行业管理部门的指导和监督,及时纠正残疾人服务机构管理中的违法违规行为。

第五章 法律责任

第三十三条 残疾人服务机构有下列行为的,行业管理部门可以根据情况给予纠正,直至建议登记(管理)机关撤销登记或吊销营业执照。有关责任人构成犯罪的,依法追究刑事责任。

(一)未与残疾人或者其代理人签订服务协议,或者协议不符合规定的;

(二)未按照国家有关标准和规定开展服务的;

(三)配备的医疗、康复、心理咨询、社会工作等专业技术人员未依据相关法律法规持证上岗或者未经过岗前培训的;

(四)向负责监督检查的管理部门隐瞒有关情况、提供虚假材料或者拒绝提供反映其活动情况真实材料的;

(五)利用残疾人服务机构的房屋、场地、设施开展与服务宗旨无关的活动的;

(六)歧视、侮辱、虐待或者遗弃残疾人以及其他侵犯残疾人合法权益行为的;

(七)擅自暂停或者终止服务的;

(八)法律、法规、规章规定的其他违法行为。

第三十四条 行业管理部门及其工作人员违反本办法有关规定,由上级行政机关责令改正;情节严重的,对直接负责的主管人员和其他责任人员依法给予行政处分;构成犯罪的,依法追究刑事责任。

第六章 附 则

第三十五条 行业管理部门可以根据本办法,结合本领域管理的残疾人服务机构的特点,制定具体实施细则。

第三十六条 本办法自下发之日起施行。

残疾人就业保障金征收使用管理办法

(2015年9月9日财政部、国家税务总局、
中国残疾人联合会印发 财税[2015]72号)

第一章 总 则

第一条 为了规范残疾人就业保障金(以下简称保障金)征收使用管理,促进残疾人就业,根据《残疾人保障法》、《残疾人就业条例》的规定,制定本办法。

第二条 保障金是为保障残疾人权益,由未按规定安排残疾人就业的机关、团体、企业、事业单位和民办非企业单位(以下简称用人单位)缴纳的资金。

第三条 保障金的征收、使用和管理,适用本办法。

第四条 本办法所称残疾人,是指持有《中华人民共和国残疾人证》上注明属于视力残疾、听力残疾、言语残疾、肢体残疾、智力残疾、精神残疾和多重残疾的人员,或者持有《中华人民共和国残疾军人证》(1至8级)的人员。

第五条 保障金的征收、使用和管理应当接受财政部门的监督检查和审计机关的审计监督。

第二章 征收缴库

第六条 用人单位安排残疾人就业的比例不得低于本单位在职职工总数的1.5%。具体比例由各省、自治区、直辖市人民政府根据本地区的实际情况规定。

用人单位安排残疾人就业达不到其所在地省、自治区、直辖市人民政府规定比例的，应当缴纳保障金。

第七条 用人单位将残疾人录用为在编人员或依法与就业年龄段内的残疾人签订1年以上(含1年)劳动合同(服务协议)，且实际支付的工资不低于当地最低工资标准，并足额缴纳社会保险费的，方可计入用人单位所安排的残疾人就业人数。

用人单位安排1名持有《中华人民共和国残疾人证》(1至2级)或《中华人民共和国残疾军人证》(1至3级)的人员就业的，按照安排2名残疾人就业计算。

用人单位跨地区招用残疾人的，应当计入所安排的残疾人就业人数。

第八条 保障金按上年用人单位安排残疾人就业未达到规定比例的差额人数和本单位在职职工年平均工资之积计算缴纳。计算公式如下：

保障金年缴纳额=(上年用人单位在职职工人数×所在地省、自治区、直辖市人民政府规定的安排残疾人就业比例-上年用人单位实际安排的残疾人就业人数)×上年用人单位在职职工年平均工资。

用人单位在职职工，是指用人单位在编人员或依法与用人单位签订1年以上(含1年)劳动合同(服务协议)的人员。季节性用工应当折算为年平均用工人数。以劳务派遣用工的，计入派遣单位在职职工人数。

用人单位安排残疾人就业未达到规定比例的差额人数，以公式计算结果为准，可以不是整数。

上年用人单位在职职工年平均工资，按用人单位上年在职职工工资总额除以用人单位在职职工人数计算。

第九条 保障金由用人单位所在地的地方税务局负责征收。没有分设地方税务局的地方,由国家税务局负责征收。

有关省、自治区、直辖市对保障金征收机关另有规定的,按其规定执行。

第十条 保障金一般按月缴纳。

用人单位应按规定时限向保障金征收机关申报缴纳保障金。在申报时,应提供本单位在职职工人数、实际安排残疾人就业人数、在职职工年平均工资等信息,并保证信息的真实性和完整性。

第十一条 保障金征收机关应当定期对用人单位进行检查。发现用人单位申报不实、少缴纳保障金的,征收机关应当催报并追缴保障金。

第十二条 残疾人就业服务机构应当配合保障金征收机关做好保障金征收工作。

用人单位应按规定时限如实向残疾人就业服务机构申报上年本单位安排的残疾人就业人数。未在规定时限申报的,视为未安排残疾人就业。

残疾人就业服务机构进行审核后,确定用人单位实际安排的残疾人就业人数,并及时提供给保障金征收机关。

第十三条 保障金征收机关征收保障金时,应当向用人单位开具省级财政部门统一印制的票据或税收票证。

第十四条 保障金全额缴入地方国库。

地方各级人民政府之间保障金的分配比例,由各省、自治区、直辖市财政部门商残疾人联合会确定。

具体缴库办法按照省级财政部门的规定执行。

第十五条 保障金由税务机关负责征收的,应积极采取财税库银税收收入电子缴库横向联网方式征缴保障金。

第十六条 自工商登记注册之日起3年内,对安排残疾人就业未达到规定比例、在职职工总数20人以下(含20人)的小微企业,免征保障金。

第十七条 用人单位遇不可抗力自然灾害或其他突发事件遭受重大直接经济损失,可以申请减免或者缓缴保障金。具体办法由各省、自治区、直辖市财政部门规定。

用人单位申请减免保障金的最高限额不得超过1年的保障金应缴

额,申请缓缴保障金的最长期限不得超过6个月。

批准减免或者缓缴保障金的用人单位名单,应当每年公告一次。公告内容应当包括批准机关、批准文号、批准减免或缓缴保障金的主要理由等。

第十八条 保障金征收机关应当严格按规定的范围、标准和时限要求征收保障金,确保保障金及时、足额征缴到位。

第十九条 任何单位和个人均不得违反本办法规定,擅自减免或缓征保障金,不得自行改变保障金的征收对象、范围和标准。

第二十条 各地应当建立用人单位按比例安排残疾人就业及缴纳保障金公示制度。

残疾人联合会应当每年向社会公布本地区用人单位应安排残疾人就业人数、实际安排残疾人就业人数和未按规定安排残疾人就业人数。

保障金征收机关应当定期向社会公布本地区用人单位缴纳保障金情况。

第三章 使用管理

第二十一条 保障金纳入地方一般公共预算统筹安排,主要用于支持残疾人就业和保障残疾人生活。支持方向包括:

(一)残疾人职业培训、职业教育和职业康复支出。

(二)残疾人就业服务机构提供残疾人就业服务和组织职业技能竞赛(含展能活动)支出。补贴用人单位安排残疾人就业所需设施设备购置、改造和支持性服务费用。补贴辅助性就业机构建设和运行费用。

(三)残疾人从事个体经营、自主创业、灵活就业的经营场所租赁、启动资金、设施设备购置补贴和小额贷款贴息。各种形式就业残疾人的社会保险缴费补贴和用人单位岗位补贴。扶持农村残疾人从事种植、养殖、手工业及其他形式生产劳动。

(四)奖励超比例安排残疾人就业的用人单位,以及为安排残疾人就业做出显著成绩的单位或个人。

(五)对从事公益性岗位就业、辅助性就业、灵活就业,收入达不到当地最低工资标准、生活确有困难的残疾人的救济补助。

(六)经地方人民政府及其财政部门批准用于促进残疾人就业和保障困难残疾人、重度残疾人生活等其他支出。

第二十二条 地方各级残疾人联合会所属残疾人就业服务机构的正常经费开支，由地方同级财政预算统筹安排。

第二十三条 各地要积极推行政府购买服务，按照政府采购法律制度规定选择符合要求的公办、民办等各类就业服务机构，承接残疾人职业培训、职业教育、职业康复、就业服务和就业援助等工作。

第二十四条 地方各级残疾人联合会、财政部门应当每年向社会公布保障金用于支持残疾人就业和保障残疾人生活支出情况，接受社会监督。

第四章 法 律 责 任

第二十五条 单位和个人违反本办法规定，有下列情形之一的，依照《财政违法行为处罚处分条例》和《违反行政事业性收费和罚没收入收支两条线管理规定行政处分暂行规定》等国家有关规定追究法律责任；涉嫌犯罪的，依法移送司法机关处理：

(一)擅自减免保障金或者改变保障金征收范围、对象和标准的；

(二)隐瞒、坐支应当上缴的保障金的；

(三)滞留、截留、挪用应当上缴的保障金的；

(四)不按照规定的预算级次、预算科目将保障金缴入国库的；

(五)违反规定使用保障金的；

(六)其他违反国家财政收入管理规定的行为。

第二十六条 用人单位未按规定缴纳保障金的，按照《残疾人就业条例》的规定，由保障金征收机关提交财政部门，由财政部门予以警告，责令限期缴纳；逾期仍不缴纳的，除补缴欠缴数额外，还应当自欠缴之日起，按日加收5‰的滞纳金。滞纳金按照保障金入库预算级次缴入国库。

第二十七条 保障金征收、使用管理有关部门的工作人员违反本办法规定，在保障金征收和使用管理工作中滥用职权、玩忽职守、徇私舞弊的，依法给予处分；涉嫌犯罪的，依法移送司法机关。

第五章 附　则

第二十八条　各省、自治区、直辖市财政部门会同税务部门、残疾人联合会根据本办法制定具体实施办法,并报财政部、国家税务总局、中国残疾人联合会备案。

第二十九条　本办法由财政部会同国家税务总局、中国残疾人联合会负责解释。

第三十条　本办法自 2015 年 10 月 1 日起施行。《财政部关于发布〈残疾人就业保障金管理暂行规定〉的通知》(财综字〔1995〕5 号)及其他与本办法不符的规定同时废止。

附录二 典型案例

最高人民法院、中国残疾人联合会 残疾人权益保护十大典型案例[①]

案例一

汪某红诉汪某华继承纠纷案

（一）基本案情

汪某红为持证智力残疾人，残疾等级贰级，经当地民政局审核，符合农村居民最低生活保障政策有关规定，享受最低生活保障。汪某富系汪某红之父，汪某华系汪某富养子。1988年，汪某富将汪某华、汪某红共同居住的房屋翻新重建。1996年因洪水冲毁部分房屋，汪某华重新建了牛栏等附属房屋；后又建设厨房、洗澡间各一间，并对房屋进行了修缮。汪某富去世后，2019年，案涉房屋被列入拆迁范围，汪某华与某某人民政府签订《房屋拆迁安置补偿协议》，约定含主体房屋、附属房及简易房、附属物在内的拆迁补偿价款共490286.7元，汪某华实际领取。汪某红认可其中部分房屋由汪某华建设，扣除相应补偿款后剩余款项为314168元。汪某红起诉请求汪某华返还其中的230000元。

（二）裁判结果

安徽省宁国市人民法院经审理认为，汪某华作为养子，对汪某富进行了赡养并承担了汪某富的丧葬事宜。汪某红享有低保且生活困难，分配遗产时亦应对其进行照顾。综合考虑涉案房屋及部分附属设施的建造、管理以及继承

[①] 案例来源：最高人民法院官网2021年12月2日，https://www.court.gov.cn/zixun/xiangqing/334501.html。

人赡养汪某富等实际情况,酌定汪某红继承的财产份额为30%,即94250元(314168元×30%)。遂判决汪某华支付汪某红94250元。

安徽省宣城市中级人民法院经审理认为,汪某红系智力残疾人,其家庭为享受最低生活保障的特殊家庭。依据继承法第十三条第二款有关"对生活有特殊困难的缺乏劳动能力的继承人,分配遗产时,应当予以照顾"的规定,人民法院在确定遗产继承份额时应给予汪某红特殊照顾及倾斜保护。汪某华应向汪某红支付拆迁补偿款157084元(314168元×50%)。遂撤销一审判决,改判汪某华支付汪某红拆迁补偿款157084元。

(三) **典型意义**

通常情况下,同一顺序的各个法定继承人,在生活状况、劳动能力和对被继承人所尽的赡养义务等方面条件基本相同或相近时,继承份额均等。一审法院认定汪某华对被继承人履行了较多的赡养义务,同时对于遗产有较大贡献,进而认定其有权继承遗产的70%。从法律层面分析,似乎并无不当。但是,继承法同时规定,对于生活有特殊困难、缺乏劳动能力的继承人,分配遗产时应当予以照顾。本案中,汪某红及其配偶均身有残疾,其家庭经区民政局审核享受最低生活保障。汪某红生活具有特殊困难,符合继承法关于遗产分配时照顾有困难的特殊人群的规定。鉴于此,二审法院在遗产分配时,从照顾汪某红生活需要的角度出发,在一审判决的基础上,对遗产分配比例进行了调整,较好地实现了法理与情理的有机统一。

案例二

刘某某诉某景观工程公司、李某某姓名权纠纷案

(一) **基本案情**

刘某某系听力壹级、言语壹级多重残疾人,享受农村五保供养待遇。2018年,某景观工程公司与李某某签订制作冰灯协议,约定由李某某为其制作冰灯4组。2019年,李某某承包的工程完工,某景观工程公司告知李某某以工人工资的形式结算工程款。因李某某雇佣的工人工资不能达到工程款数额,李某某便盗用刘某某身份信息,冒充自己雇佣的工人。后某景观工程

公司做工资账目时,使用了刘某某的身份信息,同时向税务部门进行了个人所得税明细申报。

2019年,民政部门对城乡低保人员复审工作期间,发现刘某某收入超标,于2019年7月开始终止对刘某某的特困人员救助供养。刘某某以侵害姓名权为由,起诉请求某景观工程公司、李某某赔偿损失。

(二)裁判结果

北京市延庆区人民法院经审理认为,李某某未经刘某某同意,私自盗用其身份证复印件,某景观工程公司做工资账目时,使用了刘某某的身份信息,并用作纳税申报,导致民政部门终止对刘某某的特困人员救助供养。对因此给刘某某造成的损失,某景观工程公司、李某某应当承担赔偿责任。遂判决某景观工程公司、李某某连带赔偿刘某某2019年7月至同年12月的基本生活费9900元、生活照料费7680元、物价临时补贴300元、电价补贴42.92元、2019年的采暖补贴1800元、2019年7月至2020年1月3日的医疗费3847.44元、精神抚慰金5000元、交通费及误工费5000元。

(三)典型意义

如《残疾人权利公约》序言第十三款所指出的,残疾人对其社区的全面福祉和多样性作出了宝贵贡献。残疾人作为特殊困难的群体,更需要给予特别的保护。保护残疾人合法权益是整个社会的义务和责任,也是社会文明进步的重要标志。随着个人信息领域的立法完善,社会普遍提高了对个人信息的保护力度。残疾人作为社会公众中的一员,其姓名作为个人信息的重要组成部分,是个体区分的主要标志,承载着经济意义和社会意义。侵犯残疾人个人信息的行为应当承担相应的法律责任。本案判决较好地保护了残疾人的人格权益,向社会彰显残疾人权益应当得到全方位保障的价值理念。

案例三

王某祥、王某进诉某某村民委员会、高某等相邻通行纠纷案

(一)基本案情

王某祥、王某进均为盲人,二人系父子关系,与本村其他农户分离,单独

居住在本村在某某寨的集体所有土地上,与某某村某组农户相邻。2003年,二人利用自己的土地和从某某村某组调换而来的土地修建了一条与从某某寨经水库大坝通向国道(某某寨与外界相通的唯一公路)的便道用于通行。2012年,高某经流转取得某某村某组524亩土地用于生产经营,并受某某村某组委托在某某寨集中修建居民点。居民点修建过程中,王某祥、王某进修建的便道被挖断,致便道尽头与居民点地平面形成约20米高落差,便道现不能通行,也无法恢复。王某祥、王某进起诉请求由某某村民委员会、高某等另开通道恢复便道通行,赔偿交通、误工损失5602元。

(二) 裁判结果

重庆市梁平区人民法院经审理认为,不动产相邻权利人应当按照有利生产、方便生活、团结互助、公平合理原则处理相邻关系,为因通行等必须利用其土地的相邻权利人提供必要的便利。本案中,无论从哪个方向修建机动车便道从某某寨至主路相连,均需经过某某村某组的土地,某某村某组应当提供土地供王某祥、王某进通行。遂判决某某村民委员会、高某等从王某祥、王某进原修建便道被挖断处另开通道,修建一条宽3米的便道通向某某寨前寨门水泥路,赔偿王某祥、王某进交通、误工等损失费5602元。

(三) 典型意义

修建居民点是为了改善人民群众生活条件,有积极意义,但不能以损害他人的合法权益为代价,特别是王某祥、王某进为老年人且身有残疾,其合法权益更应得到充分保护。切实依法保障残疾人的合法权益,是贯彻习近平新时代中国特色社会主义思想的重要举措,也是认真落实禁止歧视残疾人法律规定的具体表现。该判决充分发挥司法裁判对社会的重要示范引领作用,鼓励和支持残疾人自立、自强,让残疾人更多感受到全社会的温暖,树立残疾人生活的信心,使其对美好生活充满希望。

案例四

卢某某申请人身安全保护令案

(一) 基本案情

卢某某(女)系二级智力残疾,王某某与卢某某为夫妻关系。因婚前缺乏了解，婚后感情基础差，王某某在婚姻生活中稍有不满，即对卢某某及其父母拳脚相加，实施家庭暴力。卢某某为此提起离婚诉讼，并提交了公安机关的报警回执、受案回执、询问笔录、家庭暴力告诫书等证据。案件受理后，法院邀请区残联共同走访卢某某及其家人，向当事人及其单位了解具体情况，委托区残联对卢某某遭受家庭暴力的程度以及存在家庭暴力的现实危险等进行综合评估。经调查评估后，区残联以卢某某遭受家庭暴力且受到威胁不敢申请人身安全保护令为由，代卢某某向法院申请人身安全保护令。

(二) 裁判结果

福建省莆田市城厢区人民法院经审查认为，卢某某系二级智力残疾，残联曾为其发放残疾人证。现残联依法履行法律赋予的救助服务职责，以卢某某遭受家庭暴力危险无法申请人身安全保护令为由代卢某某提出申请，符合法律规定。遂裁定，禁止王某某对卢某某及其近亲属实施家庭暴力，禁止王某某在距离卢某某工作单位200米范围内活动。

(三) 典型意义

残疾人是社会特殊困难群体，需要全社会格外关心、加倍爱护。在司法实践中，由于残疾人自身的生理缺陷，导致诉讼能力较弱，因受到威胁等原因不敢申请人身安全保护令。本案是全国首例由残联代为申请的人身安全保护令，较好地将最高人民法院和中国残疾人联合会共同印发的《关于在审判执行工作中切实维护残疾人合法权益的意见》融入到司法审判实践中，既是反家暴审判的一次有益尝试，也是回应残疾人司法需求和司法服务的具体体现。

案例五

宋某某诉某银行人格权纠纷案

(一) 基本案情

宋某某为贰级残疾人，表现为口齿不清、身体协调性差。2017年4月，宋某某在某银行领取粮食补贴款，并给其父亲缴纳养老保险金时，因忘记银行卡密码，需要办理重置密码业务。工作人员告知其需到开户行办理，因交流不畅发生口角。该银行工作人员不了解宋某某身体残疾情况，见宋某某行为异常，遂启动银行报警系统。宋某某听到警铃声后，随即匆忙跑出营业场所。宋某某以侵害其人格权为由，起诉请求某银行在省级媒体上向其赔礼道歉，赔偿精神损失费 40000 元。

(二) 裁判结果

甘肃省平凉市崆峒区人民法院经审理认为，人格尊严是民事主体作为"人"所应有的最基本社会地位、社会评价，并得到最起码尊重的权利。民法总则第一百零九条规定，自然人的人身自由、人格尊严受法律保护。某银行没有证据证实宋某某在该行办理业务过程中有抢劫企图或者有危及某银行工作人员生命健康安全行为的迹象，仅是为办理业务事宜时，和某银行工作人员发生争执。宋某某作为残疾人，社会适应能力差。某银行的行为给身为残疾人的宋某某适应社会平添了心理障碍，造成精神上严重伤害。遂判决某银行赔偿宋某某精神损害抚慰金 5000 元，并就使用警铃不当行为给宋某某造成精神伤害作出书面赔礼道歉。甘肃省平凉市中级人民法院维持一审判决。

(三) 典型意义

《中华人民共和国残疾人保障法》第三条第二款规定："残疾人的公民权利和人格尊严受法律保护。"残疾人在社会适应力、心理承受力方面弱于普通人，更加需要社会的理解与关怀。保障残疾人的人格尊严，需要全社会的共同参与。在民事活动中，更应弘扬社会主义核心价值观，充分关心、理解、尊重残疾人，消除偏见和歧视。尤其是社会服务行业，在工作环境设置和办理业务过程中应为残疾人充分提供便利。该案在残疾人参加社会活动受到歧视时给予充分保护，切实保障残疾人合法权益，判决结果在当地产生了积极影响，充分彰显了司法的公正性，凸显了新时代司法为民主题，有力弘扬了社会主义核心价值观。

案例六

于某某诉某公交客运公司侵权责任纠纷案

(一) 基本案情

于某某为肢体肆级残疾人，户籍甲市。2014 年 7 月，于某某在乙市乘坐某公交客运公司公交车时,出示其持有的中华人民共和国残疾人证,要求免费乘车,遭该车驾驶员拒绝,双方发生纠纷。于某某向人民法院起诉,请求判令某公交客运公司赔礼道歉、承认错误;赔偿其交通费用、住宿费、餐饮费、误工费、精神损害赔偿金等各项损失共计45254.6元。

(二)裁判结果

江苏省南京市玄武区人民法院经审理认为,残疾人享有乘车优惠的权利受法律保护。《中华人民共和国残疾人保障法》第四十六条规定,国家保障残疾人享有各项社会保障的权利。第五十条规定,县级以上人民政府对残疾人搭乘公共交通工具,应当根据实际情况给予便利和优惠。某公交客运公司作为公共交通运营企业,应当本着保障残疾人享有各项社会福利的原则,给予外地残疾人更为简便、灵活的免费乘车手续。某公交客运公司拒绝于某某免费乘坐,侵害了残疾人的免费乘车权,应承担相应的法律责任。遂判决某公交客运公司赔偿于某某2528元。

(三)典型意义

残疾人在政治、经济、社会、文化和家庭生活方面享有的合法权益受法律保护。但实践中,一些地方性文件仍未能有效落实相关法律规定。本案中,在地方性文件未规定非本市户籍残疾人享受乘车优惠的情况下,人民法院依据《中华人民共和国残疾人保障法》和《江苏省残疾人保障条例》的规定依法作出裁判,充分保障了残疾人参与社会生活、共享社会物质文化成果的权益,将法律法规赋予残疾人的合法权益落到实处。同时,在本案审结后,玄武区法院还向乙市公交总公司发出司法建议,建议相关职能部门根据法律规定,在兼顾公交企业经济利益的同时,牵头制定更加便利残疾人免费乘车的相关制度及政策,通过司法建议进一步延伸对残疾人的司法服务。

案例七

某公租房公司诉马某某房屋租赁合同纠纷案

(一)基本案情

某公租房公司与马某某于2014年签订公租房租赁合同,约定某公租房公司将一套公租房租赁给马某某,租期12个月,每6个月交纳一次租金,逾期2个月不交租金的,某公租房公司可解除合同。合同签订后,马某某拖欠9个月租金。某公租房公司起诉请求解除双方之间签订的《房屋租赁合同》,马某某给付自2020年8月4日至实际退还房屋之日的租金,并腾退其租住的房屋。

(二)裁判结果

青海省西宁市城东区人民法院在案件审理过程中,了解到马某某系行动不便残疾人,主要生活来源是政府低保,年近花甲,没有子女,长期一人独居生活。因其外出未按政策规定按时提交低保申请信息,低保被暂时取消,导致未能按时缴纳房租。考虑到马某某的实际情况,经主持调解,双方自愿达成调解协议,马某某可以继续租住,并于2022年2月10日前一次性给付某公租房公司2020年8月5日至2021年8月4日期间所欠租金4802.08元。

(三)典型意义

公共租赁住房是党和政府为困难群众提供的生活保障,本案如单纯判决解除租赁合同,将难以避免地造成不可逆的影响,导致残疾老人无房可住。人民法院充分释法,耐心说理,劝说某公租房公司充分考量马某某的困境,给予8个月的宽限期,劝告马某某再次申请低保,同时调解暂时不解除租赁合同,避免马某某面临无房可住的困境。既保障了政府公租房政策通过合同的形式得到落实,同时又切实保障了残疾人的居住权,在具体案例中落实了司法为民的宗旨。

案例八

高某琴等诉高某明共有物分割纠纷案

(一)基本案情

高某琴与高某明系同胞兄妹,高某航、高某雪系高某琴的子女,上述4人均与案外人高某宝(高某琴之父)属同一户籍,被识别为贫困户。高某明肢体贰级残疾,其妻视力壹级残疾。2017年5月,户主高某宝与镇政府签订了《易地扶贫搬迁协议》和《易地扶贫搬迁旧宅基地腾退协议》,享受易地扶贫搬迁安置政策人均补助25000元，共计125000元；享受旧房宅基地腾退补助政策人均补助10000元，共计50000元，上述款项均汇入高某明指定的账户。2016年10月，高某明购买房屋一套，支付购房款140000元，契税、印花税合计1860元，该房屋系该户唯一住房。高某琴等起诉请求高某明支付贫困户移民搬迁款75000元、旧宅基地腾退款30000元，合计105000元。

（二）裁判结果

陕西省安康市白河县人民法院经审理认为，易地扶贫搬迁政策和旧房宅基地腾退政策，其目的均为保障当事人的基本居住权利。高某明按照上述政策购买住房，该住房现为其唯一住房，高某琴等与高某明、案外人高某宝均享有该房屋的居住权，在该房屋未被处置的情况下不能主张已享受政策资金的返还，遂判决驳回高某琴等的诉讼请求。

陕西省安康市中级人民法院经审理认为，案涉款项是政府为解决贫困户基本住房问题的特定款项，具有专款专用的性质，高某琴分割款项用于生活开支的主张，与政府发放该款项的特定用途相悖，维持一审判决。

（三）典型意义

本案既涉及残疾人的居住权又涉及扶贫安置政策的具体落实。扶贫安置政策是政府为改善贫困户的生活质量、从自然条件恶劣地区搬迁到生存与发展条件较好的地方、解决农民基本住房的惠民政策，应当用好，以真正解决当事人住房需求。高某明等四人均在高某宝户内，与高某琴系同胞兄妹，高某明夫妻均为重度残疾人，虽高某琴等三人对案涉款项享有权利，但案涉款项购买房屋为当事人唯一住房，判决驳回高某琴等人的诉请对保障残疾人的居住权益、对落实国家扶贫政策的目标具有积极意义。

案例九

牛某某诉某物流公司劳动合同纠纷案

（一）基本案情

牛某某为左手大拇指缺失残疾。其2019年10月10日到某物流公司工作，担任叉车工。入职时提交了在有效期内的叉车证，入职体检合格。公司要求填写员工登记表，登记表上列明有无大病病史、家族病史、工伤史、传染病史，并列了"其他"栏。牛某某均勾选"无"。2020年7月4日，某物流公司以牛某某隐瞒持有残疾人证，不接受公司安排的工作为由解除劳动合同。2020年7月10日，牛某某申请仲裁，要求某物流公司支付违法解除劳动合同赔偿金30000元。2020年10月13日，劳动人事争议仲裁委员会裁决某物流公司支付牛某某违法解除劳动合同赔偿金5860元。牛某某起诉请求某物流公司支付其违法解除劳动合同赔偿金30000元。

（二）裁判结果

上海市浦东新区人民法院经审理认为，某物流公司招聘的系叉车工，牛某某已提供有效期内的叉车证，入职时体检合格，从工作情况来看，牛某某是否持有残疾人证并不影响其从事叉车工的工作。故某物流公司以牛某某隐瞒残疾人证为由解除合同，理由不能成立，其解除劳动合同违法。遂判决某物流公司支付牛某某违法解除劳动合同赔偿金5860元。上海市第一中级人民法院维持一审判决。

（三）典型意义

用人单位可以对劳动者进行管理，有权了解劳动者的基本情况，但该知情权应当是基于劳动合同能否履行的考量，与此无关的事项，用人单位不应享有过于宽泛的知情权。而且，劳动者身体残疾的原因不一而足，对工作的影响也不可一概而论。随着社会越来越重视对个人隐私的保护，在残疾不影响工作的情况下，劳动者可以不主动向用人单位披露其身有残疾的事实，而是作为一名普通人付出劳动，获得劳动报酬，这是现代社会应有的价值理念。用人单位本身承担着吸纳就业的社会责任，对残疾劳动者应当有必要的包容而不是歧视，更不能以此为由解除劳动合同。本案判决对维护残疾人劳动权益，保障残疾人平等参与社会生活起到了重要示范引领作用。

案例十

王某某诉某康复器具公司侵权责任纠纷案

（一）基本案情

王某某因交通事故手术截肢，向某康复器具公司购买假肢产品。2016

年 4 月 25 日，双方签署《产品配置单》，约定由某康复器具公司为王某某提供假肢产品，并根据王某某的个人适应性提供修正装配方案以及终生免费调整、保养、维修等专业技术服务。某康复器具公司根据王某某情况先为其装配了临时假肢，王某某支付相应价款 8000 元。2017 年 4 月 18 日，王某某因左下肢残端溃烂住院治疗，支付医疗费 52725.42 元。王某某称其安装假肢后不到十天出现溃疡，向某康复器具公司业务员反映情况，对方称需磨合，慢慢会好，故未及时入院治疗。王某某起诉请求某康复器具公司赔偿其购买假肢费用 8000 元、医疗费 52725.42 元、住院伙食补助费 5500 元、营养费 11500 元、护理费 17400 元、交通费 2000 元。

(二) 裁判结果

北京市丰台区人民法院经审理认为，某康复器具公司未向王某某提供足够的假肢佩戴指导和跟踪服务，导致王某某在使用假肢的过程中出现残端溃烂的损害后果，应对王某某的损害后果承担侵权责任，遂判决某康复器具公司退还王某某假肢款 8000 元，赔偿王某某医疗费 52725.42 元、住院伙食补助费 5500 元、护理费 11500 元、营养费 5750 元、交通费 500 元。二审中双方调解结案。

(三) 典型意义

残疾辅助器具对残疾人生活具有重大影响。残疾辅助器具的质量是否合格，以及能否安全有效地使用，与辅助器具使用人的身体健康和人身、财产权益密切相关。残疾辅助器具产品除了具有物的属性外，还包含服务属性，任何一项属性存在缺陷都有可能对使用者造成损害。本案确立了残疾辅助器具侵权责任纠纷的基本裁判规则，即残疾辅助器具的经营者在向购买人出售产品后，除应保证产品质量合格外，还应根据产品性能及合同约定，为购买人提供装配、调整、使用指导、训练、查访等售后服务，若因服务缺失导致购买人产生人身损害，经营者应根据其过错程度承担相应的侵权责任。